情理语文与情理人生

王中意 著

浙江工商大学出版社
ZHEJIANG GONGSHANG UNIVERSITY PRESS
·杭州·

图书在版编目(CIP)数据

情理语文与情理人生 / 王中意著. — 杭州：浙江
工商大学出版社，2020.11

ISBN 978-7-5178-3925-5

Ⅰ. ①情… Ⅱ. ①王… Ⅲ. ①中学语文课－教学研究
Ⅳ. ①G633.302

中国版本图书馆 CIP 数据核字(2020)第 106682 号

情理语文与情理人生
QINGLI YUWEN YU QINGLI RENSHENG

王中意 著

责任编辑	吴岳婷	
封面设计	林朦朦	
责任印制	包建辉	
出版发行	浙江工商大学出版社	
	（杭州市教工路 198 号　邮政编码 310012）	
	（E-mail：zjgsupress@163.com）	
	（网址：http://www.zjgsupress.com）	
	电话：0571-88904980，88831806（传真）	
排　　版	杭州朝曦图文设计有限公司	
印　　刷	浙江全能工艺美术印刷有限公司	
开　　本	880mm×1230mm　1/32	
印　　张	11.25	
字　　数	252 千	
版 印 次	2020 年 11 月第 1 版　2020 年 11 月第 1 次印刷	
书　　号	ISBN 978-7-5178-3925-5	
定　　价	48.00 元	

情理语文,觉悟人生(代序)

——在龙岗区王中意名师工作室揭牌仪式上的讲话

王中意

尊敬的各位嘉宾、各位领导、工作室的全体老师:

大家下午好!

唐代大文学家韩愈在《早春呈水部张十八员外》里是这样描写春光的:"天街小雨润如酥,草色遥看近却无。最是一年春好处,绝胜烟柳满皇都。"春天的深圳,格外的美艳。在上班的路上,沿途盛开的木棉花朵朵艳丽,这是"最是一年春好处";走进校园,教室里琅琅的读书声声声入耳,也是"最是一年春好处";现在,各位嘉宾、学校的各位领导、工作室的全体老师济济一堂,畅谈教育梦想,更为"最是一年春好处"。春光明媚,气象万千,在此感谢市区各位嘉宾的莅临指导,感谢学校各位领导的大力支持,感谢工作室全体老师的热情合作。

"君子与君子以同道为朋",我们工作室有二十五位老师,他们都是青年才俊。这里有获得深圳市初中语文课堂教学比赛特等奖、广东省初中语文课堂教学比赛一等奖、第五届全国初中语文课堂教学比赛二等奖的在平湖中学担任学校教学处主任的刘毅老师,有获得第二届全国初中语文教师教学基本功比赛一等奖、深圳市"十佳青年教师"称号的在龙岗外国语学校担任教师发展处主任的刘洋老师,有获得深圳市优秀教师、广东省赛课三等奖、深圳市赛课一等奖的在龙城初级中学担任年级长的郑冉老师,有获得深圳市第二届微课大赛一等奖、龙岗区"教坛新秀"称号的在横岗中心学校担任学校课程处主任的曾崇州老师,有获国家语委全国论文大赛三等奖、深圳初中语文课堂教学大赛一等奖、龙岗区"教坛新秀"称号的在龙岗新梓学校担任科组长的包望老师,有获得"龙岗区第三批骨干教师"称号、龙岗初中语文中心组核心成员的来自龙城初级中学的王珂珂老师,有获得深圳市教学比赛二等奖、区"优秀教师"称号的来自横岗中学的曾淑君老师,有获得深圳市教学比赛二等奖、区"优秀教师"称号的来自横岗中学的李霞老师,李霞老师是我们工作室的组长。在我们学员中,有来自南湾学校的傅明老师和许海超老师,有来自六约学校的马爽老师、田飞飞老师和苏莉菲老师,有来自梧桐学校担任科组长的方金翠老师,有工作于龙岗区西坑学校的北京师范大学优秀毕业生袁琳老师,有来自横岗中心学校的欧帅老师,有在横岗中学担任年级长的沈爱民老师、张梅老师、胡立平老师、欧丽芳老师、魏珊老师、刘盼老师、姜少华老师、陈嘉欣老师。我们二十五个人,就是同道人、合伙人,我们干的事就是"成长自己,影响别人"。

在我们这个工作室内,我不得不先说说这一幅室徽。造型为方圆,天圆地方,天人合一。色彩为绿色,绿色是生命的象征。中间的图形,可以说是一个"学"字,学习是我们永远的动力;可以说是一个脚印,实践是我们永远的方法;可以说是一个"中"字,中华文化、中华文明是我们永远的主题。在实践中，我会赋予工作室更多的内涵。

在我们这个工作室内，我不得不说这一枚印章。印章里这四个字，是"语文很美"。大家都知道著名的皮格马利翁效应，心中有美，就会真美。我们内心一定要认为"语文很美"，那我们才能做一个快乐的语文老师，我们才是美的使者。语文真的很美。看这两个字：情，心青；理，玉内部的纹路。情理，这两个字，包罗了整个语文。语文学习，不就是为了懂得一个情、明白一个理吗？人过一辈子，不就是希望追求一个情、觉悟一个理吗？情理语文，就是觉悟人生。我们对"情理语文"四个字作了下面的解读。"情"，语文很美，各美其美，美在情中。岁有其物，物有其容；情以物迁，辞以情发。感时花溅泪，恨别鸟惊心。语文何处不多情？情在一字一句中。"理"，语文很美，美美与共，美在理里。一花一世界，一叶一菩提。月映万川，理一分殊。竹外桃花三两枝，春江水暖鸭先知。语文处处都有理，理在品悟思省中。"语"，语文很美，美人之美，美在语上。书读百遍，其义自见。琅琅书声中有朗朗乾坤。语文不可无声，读出才有滋味。"文"，语文很美，尽善尽美，美在文间。指点江山，激扬文字。愿君莫任韶光逝，我以我手写我心。语文在于表达，文中自有乾坤。语文很美，是我们工作室的研究理念，情理语文，是我们工作室的研究方向。我希望我们一起来有情有理地研究有情有理的语文。

在我们这个工作室，我不得不说这样一句话。这句话就是"读读写写学语文，走走看看悟人生"。情理是角度，读写是方法，带着孩子学语文，无非就是读读写写，但如果我们仅止于读读写写，那我们自己和我们所教的学生最后都只会成为两只脚的书橱，或就是个书呆子。读万卷书，行万里路，走走看看，把全世界都看作语文。在生活中感悟语文，才是真的语文，才能获得有意义的人生。

我以为，工作室就是个教室，这是个没有老师的教室，我会和大家一起学习、一起分享、一起成长。

二〇一七年三月四日

目　　录

第二编　学校管理的"情"和"理"

第三编　世界行走的"情"与"理"

第一编

语文教学的"情"与"理"

1.

语文的"情"在哪里?

对"情",百度百科里这样解释:情,是对人或事物关心和牵挂的一种状态,指外界事物所引起的喜、怒、爱、憎、哀、惧等心理状态。用"情"组词的话,有感情、情绪、情怀、情操、情谊、情义、情致、情趣、情韵,还有性情、情愫等。

"情"也可以指男女相爱的心理状态及有关的事物,如爱情、情人、情书、情侣等。有时也指状况,如实情、事情、国情、情形、情势、情节。

从语文的角度来说,"情"指文本、作者、读者的情感、情怀,语文教与学的情景、情境,以及学习语文所获得的情愫、情趣、情操。

语文的"情"在哪里呢?

"情"在文本中。汉字是有温度的。一个"孝"字,上部分从老,下部分从子,意为子能承其亲,并能顺其意。一个"教"字,从爻从子从攵,上所施下所效也。言是传,身是教。身体力行是教,以身作则是教,正身明法是教,上行下效是教。字成词,词成句,句成段,段成章,课内外每篇课文都在用文字传递着"情",或是离别之情,或是思念之情,或是家国之情……

"情"在作者手里。笔随我心,作者思什么就写什么。老舍喜欢生活了四五年的济南,就会把济南的四季融入自己文字里。春夏秋冬,四季更迭,光影交错,色彩斑斓,美得如诗如画。朱自清思念自己的父亲,"我与父亲不相见已二年余了,我最不能忘记的是他的背影","唉! 我不知何时再能与他相见!",深切的父子之情溢于笔端。

"情"在读者心上。读书,有人读哭了,有人读笑了,有人读出泪水来,有人读出愤慨来,有人读着读着会顾影自怜,有人读着读着会扼腕叹息,有人读着读着会拍案而起……这都是因为"情"在读者心上。

"情"在教与学的过程中。李吉林先生的情境教学理论,足以说明这个问题。教师有目的地引入或创设具有一定情绪色彩的、以形象为主体的生动具体的场景,以引起学生一定的态度体验,从而帮助学生理解教材,并使学生的心理机能得到发展,激发学生的情感。在教学过程中,用榜样作用、生动形象的语言描绘、课内游戏、角色扮演、诗歌朗诵、绘画、体操、音乐欣赏、旅游观光等方式方法,寓教学内容于具体形象的情境之中,能对学生起潜移默化的暗示作用。

"情"在学习后的素养培养上。《义务教育语文课程标准(2018年版)》明确指出,语文课程应激发和培育学生热爱祖国语文的思想感情,引导学生丰富语言的积累,培养语感,发展思维,初步掌握学习语文的基本方法,养成良好的学习习惯,具有适应实际生活需要的识字写字能力、阅读能力、写作能力、口语交际能力,正确地理解和运用祖国的语言文字。语文课程还应通过优秀文化的熏陶感染,促进学生和谐地发展,使他们提高思想道德修养和审美情趣,逐步形成良好的个性和健全的人格。这充分说明,学生要通过语文学习,来获得相应的思想感情、思想道德修养和审美情趣。所以,曹文轩说:"只有阅读,我们才能成为高贵的人。阅读不仅能改变人的内心世界,还能改变人的外貌。"

无情不读书,读书不无情。

2.
语文的"理"在何处？

"理"字从玉，从里。"里"指"里边""内部"。"玉"和"里"联合起来表示玉石内部的纹路。"理"的本义是指玉石内部的纹路，引申义为顺着玉石内部的纹路切割玉石，变为动词时，可引申为顺着事物的内部道理做事，顺势而为。所以我们讲解"理"时一般会这样表达：理，指物质本身的纹路、层次，客观事物本身的次序；也指事物的规律，判断是非得失的标准。《韩非子·解老》这么说"理"：理者，成物之文也。长短大小、方圆坚脆、轻重白黑谓之理。

从语文的角度看，"理"指文章的脉理、文理，表达的事理、哲理，语文学习的学理。

语文的"理"在何处呢？

"理"在文章结构上。看课文，首先是整体感知，而整体感知的第一条就是梳理文章的结构，这是文章的"脉理"。读《驿路梨花》时，学生会一直在想"小茅屋的主人是谁"这个问题。带着这个问题，就能梳理文章的脉络，对课文进行整体感知。读《苏州园林》时，可以用"无论站在哪个点上，眼前总是一幅完美的图画"去验证全文表达的图画美。所以，读课文，首先，要读"脉理"。

"理"在表达主题上。作者写文章都带有目的，或是表达对世界的认识，或是表达对世界的看法。这就是在表达"理"，表达文章的事理或者哲理。我们读《愚公移山》，就是要懂得"而山不加增，何苦而不平"的道理。读《生于忧患，死于安乐》，就是要懂得"在忧患中成长，在安逸中没落"的人生哲理。

"理"在学习思维上。学习语文，最终目的是形成语文素养、培养思维能力，这是语文学习的"学理"。孔子曰："学而不思则罔。"思考得越缜密、越深刻、越有见地，越能表明你的理性思维水平。语文教学的目的，不仅是要让学生构建一个丰富的情感世界，还要构建一个深沉的理性世界。所以，在教学中，我们可以充分利用教材为我们提供的教学资源，拉近学生与语文知识之间的距离，使之对语文产生亲切感，从而吸引学生倾听的兴趣，进而引发学生思考。古人云："学贵知疑，小疑则小进，大疑则大进。疑者，觉悟之机也。"心理学上认为，思维过程通常是从需要解决某个问题开始的。因此，教师要鼓励学生多疑善思，激发他们的自主思考。

读书是为明理，而非谋生。

3.
语文的"情理交融"

　　"情"者，从字形上看，心青也。"理"，从字形上看，王里也。"情理交融"的语文教学就是指语文教学由情入理、由理生情的教学互动过程。人的整个生命历程，就是"感性"与"理性"的不断转化和互相作用的过程，而人生的最高境界就是"感性"与"理性"的和谐，为人处世的最佳状况便是"情"与"理"的圆融。语文课堂教学中的"情理"为孩子们的幸福人生奠定了基础。我们从教材出发，由教材内容构建情境教学的形式，创设富有内涵的、具有内在联系的、有意义的情境，使教学活动于学生而言不仅培养了对感性的、对事物现象的认识，而且培养了对事物本质及其相互关系的认识。情境教学所倡导的"情切"，就是强调情感因素，让真情实感参与认知活动。教授一篇文章，就要透过语言文字，体会作者用笔之情，对自然、对人物、对事件的挚情，以之感染学生，丰富学生的情感，让学生理解作品的境界；"理寓其中"就是追求教学的深刻理性，强调对事物本质及其相互关系的认识。情境教学既注重了"情"，又关注了"理"，正确体现了理性与感性、认识与情感的辩证关系。

　　"情理交融"的语文教学，关键在"融"。

(一)"情理交融"的语文教学的特点

1."情理交融"的语文教学是"感性"与"理性"的有机融合

"情理交融"的语文教学关注语文本身,让学生通过身心积极能动地参与获得切身体验,达到"感性"与"理性"的有机融合,这符合人类活动发展的基本规律并能促使学生身心协调发展和获得各种能力的提升,使学生在美好的情感体验中获得语文基础知识技能,并自觉地把知识技能运用于各种实践中,让感性的实践和理性的认识得到有机融合。

2."情理交融"的语文教学是"人文性"与"工具性"的和谐统一

课程教学目标是根据知识和能力、过程和方法,从情感、态度和价值观三个维度进行设计的。其中,前两个维度体现工具性,后一个维度体现人文性。三个维度的互相渗透、融为一体,就是工具性、人文性统一的体现。"情理交融"的语文教学的课堂少一些限制,多一些自由。学生必须能自己发现问题,并通过共同探讨、相互交流来增强感悟能力及提高语文素养。教师应把功夫下在提高自身的人文素养和学识水平,为学生的自主学习营造良好的氛围,为师生平等对话创设理想的情境上。教师作为课堂的主导者,在尊重学生的差异性、多样性的基础上,通过师生、生生之间的互动、对话,帮助学生建构语文学习的意义。

3."情理交融"的语文教学中"情趣"与"理趣"的自然渗透构建充满活力、具有思想深度的语文课堂,这是语文教育孜孜追求的最高境界

学生学习的过程,不仅仅是一个认同教师和文本的过程,还是

一个生命意义不断提升的过程,是一个重构的过程。在融入文本、与文本情感产生共鸣的同时,教师应该引导学生主动同文本保持一定的审美距离,继而反观文本,在结合自我经验的基础上,实现对文本的超越,实现自我反思和构建。"情趣"与"理趣"是语文教学中的两个"螺旋桨",让语文教学不再枯燥、不再单调,让学生不仅在认知上进步,更在情感体验和理性思考中成长。

(二)关于"情景交融"的语文教学的思考

关于"情理交融"的语文教学,实践思考如下。

1. 教师的教学思维得到解禁

在教学中,我们教师应该解放思想、创新思维,应当实事求是,先发现问题,再有针对性地思考、交流、学习,确定明确的改革方向,大胆尝试,用心观察,勤于反思。其实,只要在平时的工作中,多留心,多一点点"叛逆"思想,多一点点尝试的胆量,很多被禁锢的思想都会得到解放。教师之间的交流、教师与学生之间的交流,最容易产生创新的火花,很多点子都是在交流中产生。一时的创新是不够的,我们教师需要不断去实践和反思,使其成为一种习惯,做好量的积累,才能为质的飞跃奠定好基础。

2. 教师的专业成长得到提升

"情理交融"的语文课堂注重课堂里生成的东西,让课堂远离预设和浮躁,让课堂体现灵性和发展,让课堂真正关注学生,发扬教师自己的思想和激情。教师的发展需要有课例的引领,需要有教师间的互相学习和切磋、研究,因此,我的学校每两周都有公开课,学校还专门制定了评课专用纸,方便教师的反思、交流与学习。这种来源于课堂,又回归课堂的做法,简洁、迅速、有效地帮助教师在寻找自身课堂教学的优点与创新之处的同时,也在反思中认识到自身教学中的问题与不足,了解自身的缺失,学会捕捉隐藏在教学行为背后的教学理念,明白教学研究的内容来源于自身。同时,学校还加强了老师的业务学习,要求每位教师每天保证一定的学习时间,促进教师的专业化成长。

3. 学生的精神状态明显改观

良好的精神状态对于学生至关重要,我们应该使每一个学生在生活和学习的每一天都能有阳光的生活态度、积极进取的学习精神,使每一个学生都能健康快乐地成长。学生在学习中难免遇到挫折,有些学生会一蹶不振,失去了良好的精神状态。教师对于课堂的关注,对于学生的关注,能够很好地注意到每一位学生的状态并对状态差的学生进行积极疏导,让学生在学习中得到快乐、精神上得到满足,形成一个良性循环。

4. 学生的学习兴趣有效激发

激发学生的学习兴趣、调动学生的热情,是让学生成功学好语文的关键。孔子曾说过:"知之者不如好之者,好之者不如乐之者。"俄国文学泰斗列夫·托尔斯泰也曾说过:"成功的教学所需的不是强制,而是激发学生的兴趣。"由此可见,在教学中激发学生的学习兴趣是何等的重要。每个人都会对感兴趣的事物给予优先注意和积极地探索,并表现出心驰神往的状态。实践证明,"情理交融"的语文教学让学生兴趣盎然,产生了强烈的求知欲望,学生愿学、爱学、乐学,而且学得活、学得好,从而,有效减轻了学生过重的学习负担,实现了有效学习。

5. 学生的素质能力全面提升

我们的课堂尊重学生的主体性、积极性和创造性,使学生的自主潜能充分发挥出来。学生学会求知,树立了"自主、合作、探究"的意识,在学习中独立思考、大胆质疑、主动探究、与人合作。在学习与实践活动中,学生能不断吸取新知识、学到新本领、学会创新。在教育教学过程中,通过各种途径开拓了学生思维,使学生突破思维定式,激发求知兴趣,培养学生的创造性人格,为创新打下基础。在教学中,注重发展学生的个性与特长,帮助学生养成热爱创造性劳动的良好习惯。

4.

情理语文与"立德树人"的融合策略

"立德树人"是教育的根本任务。习近平总书记 2018 年 9 月 10 日在《在全国教育大会上的讲话》中明确指出，要把立德树人融入思想道德教育、文化知识教育、社会实践教育各环节，贯穿基础教育、职业教育、高等教育各领域，学科体系、教学体系、教材体系、管理体系要围绕这个目标来设计，教师要围绕这个目标来教，学生要围绕这个目标来学。作为母语教学的语文学科更应把"立德树人"作为教与学的主要目标来进行教学活动。而在语文教学中落实"立德树人"这一教育的根本任务时，不应该空洞说教，也不应该突兀插入，需要从情理的角度在语文教学中寻找立德树人的支点，这样才能把"立德树人"融入语文教学中去。

（一）寻找课文文本中的"德"，以德育德

立德树人的"德"，应该是"大德、公德、私德"之总称，与德智体美劳中"德"的含义相同，包括政治、道德、法律，即理想信念、道德品质、法治素养三个方面。深刻理解每篇课文，就能找到其中的"德"。比如《邓稼先》这篇课文的"德"就是邓稼先的理想信念。邓

稼先为了"中华之崛起",为了"中国人民不再被欺侮",毅然投身到伟大而艰巨的科学研究中去,正如他在和妻子告别时说的:"我的生命就献给未来的工作了。做好了这件事,我这一生就过得很有意义,就是为它死了也值得!"在课文中,有这么一段:"1982 年,他做了核武器研究院院长以后,一次井下突然有一个信号测不到了,大家十分焦虑,人们劝他回去,他只说了一句话:'我不能走。'""我不能走"就是他理想信念的具体体现。《叶圣陶先生二三事》这篇课文的"德"就是叶圣陶先生的道德品质。从叶圣陶先生自己做事和与人相处的几件事上表现出的先生"严于律己、待人宽厚"的道德品质就是我们要寻找的"德"。《陈太丘与友期》这篇课文的"德"就是人的法治素养。依约行事,是人的契约精神,也是诚信所在,不守信就是不尊重别人,不尊重别人就是不尊重自己。教师在上课时,需要找到文本中的"德",再以德育德。如教《邓稼先》时,可以设置以"那时的中国,需要邓稼先们'鞠躬尽瘁死而后已',现在的中国,需要我们做什么?"为主题的演讲比赛,让学生从邓稼先身上受到感染,激发自己的报国情怀。教《叶圣陶先生二三事》时,可以举行"小事不小"的课堂讨论,让学生谈自己在待人接物方面所表现出来的个人品质,从叶圣陶身上学习如何做事、如何做人。教《陈太丘与友期》时,设置"守约"的小贴士,可以让学生明白契约精神在现在生活中的重要性,从而养成法治素养。

(二)丰富语文学习形式,在体验中育德

在语文教学中,提到"立德树人",很多教师会采用灌输式教学,给学生讲大道理,学生处于被动接受状态,就会感到是空洞的说教,反而会产生逆反心理,得不偿失。丰富学习形式,把"立德树

人"的教育融入学习过程中,才能让"立德树人"落在实处。在语文教学中,我们可以结合教学内容的实际,采用"读、唱、演、辩"的形式来落实"立德树人"。教《人民解放军百万大军横渡长江》时,可以用"读"的形式,落实"立德树人"。如让学生扮演广播电台播音员,把这则新闻播出来,要注意播音的语音、语气,要掌握播音的情绪,这样学生在模仿播音时,自然而然就会生发对人民解放军百万大军横渡长江的激动和自豪之情,就会产生对人民解放军的敬爱之意,就会产生强烈的爱国之情。教《黄河颂》时,可以用"唱"的形式,落实"立德树人"。《黄河颂》本来就是一首歌的歌词,如果只是枯燥地分析,是没有什么效果的,只有教学生怎么去唱,把对祖国山河的热爱唱出来,把对保家卫国的激情唱出来,学生才能受到熏陶和教育。教《皇帝的新装》时,可以用"演"的形式,落实"立德树人"。让学生扮演皇帝、大臣、骗子、群众、小孩,用情景剧的方式把课文演绎出来,让学生在体验角色中体悟做人不要虚伪否则就要出笑话的道理。教《生于忧患 死于安乐》时,可以用"辩"的形式,落实"立德树人"。给学生设计辩题"优越条件常常使人颓废"和"优越条件更能促进发展",让学生进行辩论,在辩论中让学生懂得如何面对挫折和怎样战胜困难,懂得如何抓机遇及如何变得有担当和理想。

(三)开展语文综合性学习活动,在活动中育德

统编的语文教材,设置了很多的综合性学习。教师要认真开展综合性学习活动,在活动中落实"立德树人"的任务。如教七年级的《有朋自远方来》时,要组织学生搜集资料、讨论交流、展示自我,在活动中让学生懂得与人交往、结为朋友,是需要付出真诚与

爱心的。如教七年级的《少年正是读书时》时，要组织学生了解自己的阅读状况，让同学之间相互找差距，教会学生制订自己的阅读计划、掌握阅读的方法，在活动中让学生明白"阅读是人生的基石"，教会学生用阅读点亮人生之路。如教七年级的《天下国家》时，要组织学生讲爱国故事、展示爱国名言，让学生在活动中感受到个人与国家的命运是息息相关的，明白每个人对自己国家的热爱都是近乎本能的，在中华文明悠久的历史中，爱国主义精神一直是中华民族得以凝聚、生存和发展的强大动力，从而激发学生的爱国主义情感。如教八年级的《身边的文化遗产》时，组织学生了解我们身边的名胜古迹、民间技艺、艺术形式、民俗活动、节庆礼仪等，它们都彰显着独特的人文价值，凝聚着共同的历史记忆，是宝贵的文化遗产。对于文化遗产，我们要加强保护，这样才能继承和弘扬中华民族传统文化。让学生去实地考察、搜集资料，尝试完善申请报告，并在班级中召开模拟答辩大会，做资料夹，让学生升腾起保护文化遗产、继承和弘扬中华民族传统文化的责任感和使命感。如教九年级的《君子自强不息》时，要组织学生搜集有关自强不息的名言、格言等材料，了解古今名人有关于自强不息精神的论述，组织学生讨论怎么才能自强不息，再去寻找身边自强不息的人物，进行以自强不息为主题的演讲。通过这些活动，学生在今后的生活和人生旅程中也能做到自强不息。

（四）把生活作为语文的外延，在行动中习德

我的语文教学主张是"读读写写学语文，走走看看悟人生"。生活是语文的外延，只有落到生活中，才能学到真正的语文；生活中只有充满着语文，生活也才有情趣和意义。我们教《走一步，再

走一步》时,可以引导学生学习在生活中有效应对因胆怯而畏缩不前的方法。如遇到困难时,怎么把大困难分解成小困难一个一个解决,这样来培养学生战胜困难的信心和勇气。我们教《阿长与〈山海经〉》时,可以引导学生学习如何正确对待身边的人,学会尊重和感恩,对长辈要孝敬和陪伴。让学生去帮助社区中需要帮助的人,为家庭多做家务,在平常生活中做一个善良且能助人为乐的人。我们教《大自然的语言》时,要引导学生认识大自然、掌握大自然的规律,在生活中能与大自然和谐共处,有环保意识,从而让学生习得尊重生命、爱护自然的世界观和价值观。

课程标准里明确指出语文学习的首要总目标是:在语文学习过程中,培养爱国主义感情、社会主义思想道德和健康的审美情趣,发展个性,培养合作精神,逐步形成积极的人生态度和正确的价值观。这也是语文学科落实"立德树人"这一根本任务的具体要求。而在具体的教学中,要积极寻找"立德树人"的支点,抓住教材、抓住方法、抓住活动、抓住生活,找准最佳切入口,积极组织教与学活动,这样才能把"立德树人"落到实处。

5.

情理语文的课堂架构策略

——以七年级上册《秋天的怀念》为例

　　每学年开学初,工作室都会增加几名新入职的语文老师,工作室的第一课就是指导新教师学会课堂架构,让课堂教学首先做到有条理。这里结合工作室指导新教师的体会,谈谈情理语文的课堂架构策略。

　　从教学的终极目标来说,语文教学最终的追求无非就是两个字,一个是"情",一个是"理"。"情",就是通过语文学习,受其熏陶,受其感染,能具有认识世界、改造世界的情感情怀;"理",就是通过语文学习,在其中感悟,在其中思考,明理明德,能具有认识世界、改造世界的理智理趣。"情"和"理"这两个方面不是对立的,而是相互交融的。"情"和"理"既是教与学的追求,也是学会教与学的绳索。从"情"和"理"的角度来分析、理解、感悟课文内容,会让教与学有一个清晰明朗的方向。所以,为了研究方便,暂且把这种以"情""理"为角度、为目标的语文研究命名为"情理语文"。情理语文的研究侧重于教学策略的研究,本文主要以七年级上册《秋天的怀念》为例,谈谈情理语文的课堂架构策略。

（一）猜情度理

"猜情度理"是课堂的起始环节。在课堂的起始环节，很多新教师上课时，都会围绕课文题目发问，而问的问题一般都是"写的谁？""写的什么事？"面对这类问题，学生常常不需要怎么思考就会随口回答。学则须疑，疑则须思，无思考的提问和回答，是课堂要尽量回避的。"猜情度理"，就是要从"情"和"理"的角度去设计问题，让学生在还没有阅读课本或者还没有理解课文的情况下，就题目中呈现的要素猜度文章可能要体现的"情"和"理"，学生在这样的提问下，进行猜度式的思考，会引发对课文的深度学习，思维发散能力也会得到培养。

教《秋天的怀念》一课时，可以这样进行"猜情度理"：秋天是景，怀念是情，猜想它们在双腿瘫痪的史铁生的笔下会是怎样的景、怎样的情？这是着力于"情"的猜想。面对这样的问题，学生一下子就会想起有关秋天景的画面和意象，甚至还有同学会想起古今文人描绘秋天的诗文，然后会想双腿瘫痪的史铁生置身的秋天会有怎样的景，又会有怎样的情。在学生进行交流发言后，再让学生猜想：史铁生在怀念什么？他用这样的怀念实际上想告诉我们什么？这是着力于"理"的猜想。面对这样的问题，学生再也不会简单回答怀念的是秋天，而会往深处想，明白史铁生怀念的是秋天的人、秋天的事、秋天的情；再深一步，史铁生怀念的是对生命的思考，因为他从那以后振作起来了，能自食其力，成为一个能为社会做贡献的人了；再下一步，自然而然就能理解史铁生想用这样的怀念告诉我们的道理肯定会与生命有关，要我们认识生命的价值，能好好活着。学生在经过这样的"猜情度理"后，再去品味课文，理解课文就有了基础。

(二)圈情画理

"圈情画理"是课堂的基础环节。语文课堂教学中大都有一个"整体感知"教学环节，在这个环节里，一般都是老师提一个问题，然后学生听老师读课文，或者听课文录音，或者自主阅读。有时老师也会提醒学生要拿起笔，但大多学生把笔拿在手上也不知道要做什么。"圈情画理"，就是告诉学生拿笔干什么。边读边圈，圈出课文中体现"情"的词句，而这类词句就是文章的感情线索，圈出来，就能把感情线索连起来，文章要表达的情感自然就看出来了。边读边画，画出课文中体现"理"的词句，而这类词句常常是文章的主旨所在，画出来，就能感悟出来，文章要表达的主题思想就呈现出来了。在圈和画时，记得指导学生用不同的符号，比如，圈用点，画用线。

教《秋天的怀念》一课时，可以这样指导学生去"圈情画理"：下面请大家拿起笔，自主阅读课文，在了解课文写的主要事情的基础上，用点圈出体现情感的词和句，用直线画出体现文章写作意图的词和句，时间为 8 分钟。这样可以非常明确地告诉学生，拿起笔来圈什么、画什么，让学生有一个思考方向，且在圈画时学生还会思考：看，这里是"情"，这里也是"情"，"情"在变化；看，这里是"理"，文章就是想表达这样的主题呀。当然，什么是情，什么是理，不需要十分明朗地区分，很多文字是情中有理、理在情里，在圈画中，很多时候，会发现前后文字的联系，这不就是课堂所需要的思维吗？在教学过程中，我们会发现，有学生圈出了"她总是这么说"的"总"字，还有的同学圈出了"你要是愿意，就明天？"后面的"？"。如果不拿起笔，没有"圈情画理"的思维方向，是很难找到理解课文的这些绝妙的支点的。

(三)读情明理

"读情明理"是课堂教学的深化环节。先说"读"吧。一是读什么。到这个环节,不可能再去读全文,得挑一些重点的语段来读,那就是在第二环节圈画出来的"情""理"语段,可以是老师指定,也可以是学生自我挑选。二是怎么读。要指导学生学会用声音传递情理,能注意重音、连音、语气;要指导学生联系上下文,在深刻理解其中的"情""理"的基础上去用自己的理解读出来。三是要读出什么。读书有"三读":读顺文本,读懂作者,读出自己。这里读懂作者和读出自己是最难的。读懂作者,就是在读中体悟作者想表达什么;读出自己,就是在读中要能把自己受到的感染和启迪读出来。所以,很多时候大家在读经典作品时,会读出泪花来,就是在读的时候想到了自己。再说"明"吧。"明"就是要对课文中的理能深刻感悟,明了文章的主题,明了作者写的目的。"明"理,可以围绕问题进行讨论,可以结合时代背景、结合作者生平,引导学生分析,深入体会作者思想的出发点。

教《秋天的怀念》一课时,可以这样指导学生去"读情明理":如果要读出一个双腿瘫痪的人的绝望,我们可以选哪些语段来读?如果要读出一个母亲的希望,我们可以选哪些语段来读? 如果要读出一个人对生活有新的认识,我们可以选哪些语段来读? 有这三问,就可以让学生去根据自己的理解找到相关的语段来读。在读时,要提醒学生读出言外之意来。如"不,我不去!"代表着史铁生心里怎样的想法?"什么时候?"代表着史铁生内心发生了什么变化?"我懂得母亲没有说完的话,妹妹也懂"中母亲没有说完的话是什么? 这样读,文章的情和理就自然而然出来了。

(四)感情悟理

"感情悟理"是课堂教学的拓展迁移环节。《义务教育语文课程标准(2018 年修订)》里指出,语文课程丰富的人文内涵对学生精神领域的影响是深广的,学生对语文材料的感受和理解又往往是多元的。因此,应该重视语文课程对学生思想情感所起的熏陶感染作用,注意课程内容的价值取向,树立社会主义荣辱观、培养良好思想道德风尚,同时也应尊重学生在语文学习过程中的独特体验。

6.

情理课堂的七个提问策略

打几个比方吧。如果把一篇课文的学习比作一条高速公路，课堂提问就是枢纽，一个好的提问能引起学生思维发散，引导学生从四面八方向课文核心进发；如果把课文比作烟花炮仗，课堂提问就是引子，一个好的提问能引起学生思维迸发，让思维的天空绽放出灿烂的烟花；如果把课文比作冰糖葫芦，课堂提问就是那根竹签，一个好的提问能串起学生对知识的理解，形成整体的知识结构和思维模式。课堂提问就像是"牵一发而动全身"中的那根发。古人云："学起于思，思起于疑。"引发学生思，需要好的提问；引发学生疑，需要好的提问。语文教育家张巨龄先生认为，提问是用以引起学生注意、组织教学和帮助学生反复咀嚼学习内容，最终加以吸收的教学手段。新课程标准也明确指出，教师要鼓励学生自主阅读、自由表达，充分激发他们的问题意识和进取精神。然而，在当前语文课堂教学中，部分教师找不到课堂提问的切入点，课堂提问不痛不痒，或过深或过浅，无法引发学生思考。这里我结合自己的教学实践谈七个课堂提问的策略。

(一)基于文题发问,方向式提问,询问猜想

每篇课文都有文题,课文文题或是全文的中心所在,或是对全文内容的概括,或是作者感情的出发点,或是全文的线索。部分题目是具有象征意义或者一语双关的。扣住文题进行发问,询问猜想,能引领理解全文的方向。教《从百草园到三味书屋》一课时,扣住文题发问以下几个问题:看题目,想想看作者在这两个童年生活的场所会有什么样的童年记忆;看题目,从百草园到三味书屋,地点在转换,想想感情又会是怎么转换的。从文题着手,用这两个问题,让学生先猜想。带着这两个问题的猜想,再去阅读课文,学生自然会重点去寻找在两个场所的不同的童年生活乐趣,又会去比较,用儿童的眼光看这两个场所童年生活的感情变化,而这正是这篇课文的教学目标所在。教《纪念白求恩》时,可以扣住文题发问以下几个问题:白求恩这个外国人做什么事会让毛主席写文章来纪念他?纪念白求恩仅仅是为了怀念他吗?用这两个问题,先让学生猜想。带着这两个问题的猜想,再去阅读课文,学生会很快地抓住要阅读或理解的重点内容。

(二)基于整体发问,感知式提问,询问主题

课文的教学,一般会有个整体感知的环节。在整体感知这一环节,用感知式提问,询问主题,有"牵一发而动全身"的效果,让学生在整体感知时既了解课文整体内容,又会触及文章灵魂,理解文章主题。教《秋天的怀念》时,整体感知发问以下几个问题:为什么要把发生的事放在秋天这个季节写?秋天与生命有什么关系?作者怀念秋天,实际是在怀念什么?学生带着这三个问题阅读全文

时,就会整体感知课文写的是与生命有关的事,就会自然想到生命,而对生命的尊重和珍惜、对生活的热爱恰是文章的主题。教《老王》时,整体发问:老王是什么人? 我是什么人? 我与老王之间发生了哪些事? 我是一个幸运的人,老王是一个不幸者,我对老王的愧怍在哪里? 学生带着这几个问题,就能厘清文章的内容,也会边阅读边思考愧怍所在,这样就会更深刻地理解课文。

(三)基于细节发问,追问式提问,问个究竟

理解课文,必须要抓住课文的细节生发问题,让学生能透过细节去理解文本的思想。这就是语文教学中的"管中窥豹",即从观察到的部分推测全貌。对于课文中细节描写的学习,要采用追问式提问,问个究竟。教《孔乙己》时,课文中有"孔乙己一到店,所有喝酒的人便都看着他笑,有的叫道,'孔乙己,你脸上又添上新伤疤了!',他不回答,对柜里说,'温两碗酒,要一碟茴香豆。'便排出九文大钱"。这里的"排"就是细节描写,可以发问:"排"这个花钱的动作体现出孔乙己的什么心理? 这样的心理与他的身份有什么联系? 这与后来孔乙己的悲惨遭遇有什么关联? 连着三个问题的追问,就让学生对制造孔乙己现实惨状的根本原因进行了深入的思考。教《变色龙》时,文章最后的结尾是这样的文字:"'我早晚要收拾你!'奥楚蔑洛夫向他恐吓说,裹紧大衣,穿过市场的广场径自走了。"这里的细节是"裹紧大衣",可以抓住这个细节进行追问:是因为天冷而裹紧大衣吗? 他的内心在想什么? 这裹紧的大衣就是这社会上的什么东西? 这样一追问,学生自然就对当时的社会制度产生批判的思想。

(四)基于已知发问,比较式提问,问个异同

学生学习是建立在已有知识的基础上的,课堂提问要基于已知发问,这样学生会把新旧知识进行联想,产生新的思考。基于已知发问,要进行比较式提问,问个异同。教《桃花源记》时,课文中有"林尽水源,便得一山,山有小口,仿佛若有光",基于已知发问:我们曾经读过的很多童话故事都是发生在山洞里,什么芝麻开门,打开山洞,里面要不就是金银财宝,要不就是奇珍异宝,为什么陶渊明笔下发现的山洞里却是一番平淡的人间百姓生活场景呢?这与陶渊明的什么有关呢?这时,学生会想到陶渊明的生平,想到读过的陶渊明《饮酒(其五)》:"结庐在人境,而无车马喧。问君何能尔?心远地自偏。采菊东篱下,悠然见南山。山气日夕佳,飞鸟相与还。此中有真意,欲辨已忘言。"原来,陶渊明心目中理想的社会是一种"自然"的社会,那当然他笔下写的山洞里面是安乐和谐的自然生活。学生这样一比较,就更深刻地认识了陶渊明,也对《桃花源记》有了更理性的理解。

(五)基于情境发问,设想式提问,问个感受

读优秀的文学作品,都会为其中描绘的情境所动容,对于课文中的情境,读只是一种体验的手段,而基于情境发问,会让学生感受深刻,得到熏陶。教《背影》时,课文中有"我北来后,他写了一信给我,信中说道:'我身体平安,惟膀子疼痛厉害,举箸提笔,诸多不便,大约大去之期不远矣。'我读到此处,在晶莹的泪光中,又看见那肥胖的,青布棉袍,黑布马褂的背影。唉!我不知何时再能与他相见"。每读此处时,我都想起自己的父亲,而情不自禁地流下眼

泪。试想,谁读到"大约大去之期不远矣"时会不心疼呢? 对于这样感人的情境,要进行发问:"大约大去之期不远矣",一个儿子听到父亲说自己离死期不远的时候,他内心是怎样的感受? 这时,如与父亲间有什么纠结疙瘩,内心又会是什么想法? 这两个问题会让学生感同身受,会试图忘却先前父亲的不是,会理解父亲的所作所为,会更加懂得作者父子之间的深厚感情。

(六)基于学生发问,阶梯式提问,问个个性

一个班的学生,掌握知识的层次是不一样的,教学要因材施教,不仅是作业的设计要分层,课堂提问也要基于学生不同的学情进行发问,要实行阶梯式提问,既照顾相对落后的学生,又可以让优等生得到长足的发展,所以提问要问个个性。教《安塞腰鼓》时,这篇文章难就难在"朗读"上,因为文章是在用文字表达安塞腰鼓的粗犷豪放、刚健雄浑,写声音写得很美,要读出来很不容易。

基于学生不同的朗读水平,可以分三个层次:找出最好读的地方读一读;找出最难读的地方读一读;找出最难懂的地方读一读。第一个层次可以让班级朗读水平相对比较差的同学来完成,第二个层次可以让班级朗读水平中等的学生来完成,第三个层次可以让班级朗读水平理解水平、比较高的学生来完成。这样,三类学生可以各得其所,都有进步。

(七)基于生活发问,情理式提问,问个体悟

语文的外延是生活。在语文教学中,把对文本内容的理解与现实生活的体验结合起来,才能真正做到"语文课程应激发和培育学生热爱祖国语文的思想感情,引导学生丰富语言的积累,培养语

感,发展思维,初步掌握学习语文的基本方法,养成良好的学习习惯,具有适应实际生活需要的识字写字能力、阅读能力、写作能力、口语交际能力,正确地理解和运用祖国语言文字。语文课程还应通过优秀文化的熏陶感染,促进学生和谐地发展,使他们提高思想道德修养和审美情趣,逐步形成良好的个性和健全的人格"的要求。基于生活发问,要从学生的生活实际出发,着眼于情和理的角度设计提问,且要尊重学生个性,尊重学生主观表达,不设标准答案。教《我的叔叔于勒》时,可以让学生设想自己也有这么一个亲叔叔,也处于那样的境况,想想自己的父母会是什么态度和表现,自己会是什么态度和表现,由此让学生议论"生活告诉我们什么"这一主题,以此来审视人性。

7.

情理语文的学生自主学习策略

王栋生在发表于《中学语文教学》的《学生周围有很多"问题"》中说,很期望教学中出现一种境界:课上完后,学生并不轻松,他们苦苦思索,有的甚至很苦恼,他用你教会他的方法去观察、去阅读、去思考,发现了更多的问题。

王栋生老师的这种期望,实质是在发问教学的价值所在。当下我们的教学实际上还是在追求让学生记住些什么,可是记忆总归是要遗忘的,美国物理学家劳尔说过:"教育无非是一切已经学过的东西都忘掉的时候所剩下的东西。"剩下的是什么呢? 是能力和素质。如果我们的教学一味只追求让学生记住什么,那一定培养不出有能力和素质的人。从王栋生老师的期望中,我们可以感觉到,我们的教学要努力去让学生自我发现,那才是教学的价值所在。

说得简单,做起来难。教学中要真正让学生自我发现,需要综合多方面教与学的有效因子,进行有效的学生自我发现活动,并辅以适时适当的评价。

结合相关教学实践,我从六个方面谈关于在教学中让学生自我发现的体味和感悟。

（一）把知识化为问题，才可以激发自我发现的动力

我经常询问从初中刚升上高中的学生上初中与上高中的区别，那些在初中是优等生的学生说，初中老师教得细，只要把笔记记好就一定会考出好成绩，高中老师教得快，自主学习的时间多，有时不太适应。其实其本质还在于初中老师注重于让学生记住，没有去让学生发现，学生没有学会自我发现的方法，只会死记笔记、死记知识。到了高中，在没有详细笔记可以记的情况下，就会不适应了。要教会学生自我发现，老师要学会把知识化为问题，用问题来引发学生的思考，用问题来激发学生自我发现的动力，教学的起点不再是教师的"教"，而是学生的"问题"。提出的问题，不仅是对老师掌握学科知识体系的考验，也是对其是否熟悉学情提出的挑战。我们看提出的问题合格不合格，标准是看它能不能激发起学生学习和探究的热情。什么样的问题是好问题？"它要与学生的知识有结合点，学生知道一些，但又说不清。最忌讳的，就是从教材里抠两句话，给一个空儿，学生打开书就抄上去了，这是没有思维深度的问题。"好的问题，是学生思维的阶梯。例如，教《济南的冬天》一课时，对于济南的冬天的"温晴"，作者开篇用对比的方法，把北平、伦敦、热带地区与济南进行比较，得到济南冬天"有温晴的天气，济南真得算个宝地"的结论。对这段的理解，如果教者只是提出这里运用什么方法来表现济南冬天"温晴"的特点这样的问题，学生可能就会很快得出结论，是对比。但这个过程过于"快捷"，学生并不能感受到对比手法的好处。我们可以把这种"对比"的知识问题化，设计这样的一个问题："老师曾在冬天到过济南，并未感受到济南冬天有多么的温晴，为什么老舍先生会有这样

的感受呢？请大家从老舍的生活经历去思考。"这样,学生们就会寻找老舍生活经历的相关资料,在阅读这些相关资料中,学生会自我发现:一是老舍对北平、伦敦、济南都有着亲身生活经历和感受,把感受一比较,就显出济南的温晴;二是老舍刚从国外回来,一回来就来到了济南,在那个动荡的年代,对于一个刚踏上祖国土地的人来说,对祖国大地的情感是可想而知的;三是老舍先生在济南生活了七年,把济南当成了自己的第二故乡,对济南有着独特的感情……学生有着这样的自我发现,"对比"的好处还用老师再讲吗？

(二)对问题充分思考,才可以挖掘自我发现的深度

经过充分思考才会有自我发现。教者要完成教学任务,常常没有留充分的时间让学生去思考,有的问题提出后,仅停留片刻,只要有一两个学生举手,教者就急于让这极个别学生发言。这样的急促教学,会让学生思考夠,问题的回答也只能是蜻蜓点水,没有一点深度。让学生充分思考,教者要做有效的指导,一是要扩大学生思考的宽度,指导学生从行动对象、时间、空间等角度思考。如教《孔乙己》一课时,要引导学生不能单看孔乙己一个人,还要看与孔乙己相关的人,如酒店的两类喝酒的人、掌柜、小伙计、丁举人,还有课文中没有出现但隐约可以感受到的人,孔乙己的昨天、今天、明天,以及孔乙己在酒店、在街上、在自己家里、在丁举人家里的场景等,这样学生思考的面就广了,思考的路子就多了。二是要拓展学生思考的深度,指导学生从背景、前因后果、逻辑关系、文章原文等角度思考。如教《呼兰河传》(节选)时,老师展示给学生小说里的一个选段:"等我生下来了,第一给了祖父的无限的欢喜,等我长大了,祖父非常地爱我。使我觉得在这世界上,有了祖

父就够了，还怕什么呢？虽然父亲的冷淡，母亲的恶言恶色，和祖母的用针刺我的手指的这些事，都觉得算不了什么。"由这个片段，学生开始充分思考，在思考中学生就会通过将"我"的父母、"我"的祖母和祖父对比，深入理解"我"的记忆深处、"我"的童年生活并不常有爱和阳光，能陪伴我并给予"我"关爱的人，唯有祖父。接着再展示给学生小说的结尾："呼兰河这小城里边，以前住着我的祖父，现在埋着我的祖父。我生的时候，祖父已经六十多岁了，我长到四五岁，祖父就快七十了。我还没有长到二十岁，祖父就七八十岁了。祖父一过了八十，祖父就死了。从前那后花园的主人，而今不见了。老主人死了，小主人逃荒去了。那园里的蝴蝶、蚂蚱、蜻蜓，也许还是年年仍旧，也许现在完全荒凉了。小黄瓜，大倭瓜，也许还是年年地种着，也许现在根本没有了。"展示了这样的结尾后，学生会进行充分的思考，就会发现作者快乐的心灵深处无限的寂寞。

（三）把思考进行展示，才可以丰富自我发现的内涵

在教学中，我们常常出现这样的情况，学生真的在思考的，但就是不举手不发言。究其原因，主要还在老师，没有提供多样化展示的平台。学生的思考要有一个展示的平台，这样的平台不能只限于个别学生的发言。我们可以通过小组交流、辩论、改编课文、角色朗读等多种形式提供学生展示的平台。如教《老王》时，老王的孤苦究竟苦到了什么地步？就这个问题让学生思考发言，他们会说得很笼统，也没什么真情实感在那里。但如果教者提供给学生丰富的平台，就可以加深学生思考的深度，会让学生在自我展示中自我发现。在《中学语文教学》2011 年第 6 期袁庆国老师的教学实录中，有一个很好的例子。教者通过学生和老师进行"你问我

答"的形式,把学生对"有个哥哥,死了,有两个侄儿,没出息,此外就没什么亲人"这一段演绎到了极致。

> 杨:老王,你家里有什么亲人啊?
>
> 王:有个哥哥。
>
> 杨:那不错呀,哥俩有个照应。
>
> 王:死了。
>
> 杨:哦,那还有其他亲人吗?
>
> 王:有两个侄儿。
>
> 杨:两个侄儿怎么样,能帮你吗?
>
> 王:没出息。
>
> 杨:那还有其他亲人吗?
>
> 王:没有了。

通过这样的方式,学生就有了深刻的自我发现:有个哥哥,让人心一热;死了,心一冷。有两个侄儿,又让人心一暖;没出息,让人心一下子凉了半截。感情在起伏,学生对老王的孤苦有了深刻的领会。

(四)用展示表达个性,才可以培育自我发现的素养

学生自我发现,其实是学生思维个性的体现。培养学生的思维个性,要做到以下几点。

1. 尊重不同学生间认知上的差异

教师在课堂中提出的问题,学生的不同答案充分体现出学生的认知差异,这种差异是一种资源,应师生共享。

2. 尊重学生和学生间情感上的差异

在对教学目标三个维度"情感、态度、价值观"的落实上，学生也会存在差异，教师只要去引导一种主流的价值观，要允许这种情感差异的存在。

3. 尊重学生与老师、作者间的差异

事物的复杂性，使每个学生对知识意义的建构是不同的，阅读是学生的个性化行为，不应以教师的分析来代替学生的阅读实践，要珍视学生的独特的感受、体验和理解。如对于《囚绿记》，诸多教参对文章主题说法不一，这时教者可以把这个问题抛出来，让学生各抒己见。在学生的自我发现中，教者会发现有很多充满个性的主题论点，如果这时再举行一个辩论会，课堂一定会意外的精彩。

（五）对个性进行鼓励，才可以保持自我发现的热情

学生的个性是多样的，我们不仅要包容，更要鼓励，只有对学生的自我发现和彰显个性的思考进行鼓励，学生才有继续自我发现的动力和热情。王栋生说，一名爱思考的学生很可能不见容于社会、教师、家长，甚至同学都会认为他"出格""怪异"。

大家都没发现的问题，为什么你发现了？这就很难形成思维的碰撞，很难通过讨论交流获得启示。如果周围的人都不认为他的发现有价值，他这种思考发现的欲望就会减退，逐步地弱化，最终他泯然众人，融入无意识的集体。所以，教师不能吝惜鼓励。于漪老师教《木兰诗》时，有一学生提出了"同行十二年，不知木兰是女郎"是不可能的，许多同学附和他的意见，说"跋山涉水总要洗脚，虽不是实数十二年，但总是时间很长，鞋子一脱，小脚就出来了，怎会不知是女的？"于漪老师没有责怪学生，而是先鼓励了他们

的思考,再表态。于漪老师说:"据我所知,一千年以来,你是第一个提出这样问题的人,你很不简单。古代女人究竟从什么时候开始裹脚的,我也不清楚,课后我们共同查阅资料搞清楚这个问题。"课后于漪老师和这个学生真的一起查阅了相关资料,才明白中国女人裹小脚是从南唐李后主时期开始的。于漪老师的鼓励让这个学生保持了这份自我发现的热情。

(六)用鼓励引发问题,才可以体现自我发现的价值

国外的课堂不是在教知识,而是在教能力。能力是什么?是能发现问题。发现一个问题,比解决一个问题重要。我们通过教学这个载体,就是要培养学生自我发现的能力,促进学生通过思考产生更多的问题,这才是教学的价值所在。任何一次教学活动,都要鼓励学生在解决当前问题的同时,提出新的问题,正像文章开头所说,能出现"课上完后,学生并不轻松,他们苦苦思索,有的甚至很苦恼,他用你教会他的方法去观察、去阅读、去思考,发现了更多的问题"这样让人期盼的场景,学生能在老师的鼓励之下,带着问题走出课堂,带着问题去注视社会,再去自我发现,冲破迷雾,看到真理,感受光明。学了课文《老王》之后,思考并没有结束,"这是一个幸运的人对不幸者的愧怍",是文章收笔之句,带来很多值得思考的问题:那是一个怎样的时代?那个时代幸运的人是怎样生活的?不幸者又是怎样生活的?我们如何看待那个时代?这些新的问题,可以引发学生去阅读表现那个时代的一些作品,可以引发学生新的思考、新的自我发现,可以让学生思考我们的过去、现在和未来。我们可以让学生通过不断的自我发现,来感受自己独特的人生见解,形成有个性的世界观、价值观。这就是我们教学的价值。

8.

情理语文的文本理解策略

(一)常见这样的几何证明题

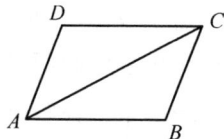

如右图所示,在四边形 ABCD 中,

AD=BC,AB=DC,

试说明△ABC≌△CDA.

解:在△ABC 和△CDA 中,

因为 AD=BC,AB=DC(已知),

又因为 AC 是公共边,

所以△ABC≌△CDA(S. S. S.)

(二)常见这样的语文课堂

教学《我的叔叔于勒》。

师:请大家阅读课文,想想这篇课文写的是什么内容,表达了什么样的主题。

生(阅读后发言):课文写了菲利普夫妇因亲兄弟于勒贫富变化而前后变化的态度,以此来表现在资本主义社会人与人之间的金钱关系。

师:课文是如何来表现资本主义社会人与人之间金钱关系这个主题的? 请同学再读课文,找出相应的句子来证明。

生继续阅读课文,后相继发言:

生1:通过人物的语言来表现。父亲在见到于勒之前,总是在说:"唉! 如果于勒竟在这只船上,那会叫人多么惊喜呀!"但在父亲从船长那儿得知那个衣服褴褛的年老水手就是他的亲弟弟时,竟回去对母亲说:"出大乱子!"还有母亲的语言,在"盼于勒"时说:"只要这个好心的于勒一回来,我们的境况就不同了。 他可真算得一个有办法的人。"当从父亲那得知那个衣服褴褛的年老水手就是于勒时,她突然暴怒起来,说:"我就知道这个贼是不会有出息的,早晚会重新回来拖累我们的。……已经够倒霉的了,要是被那个讨饭的认出来,这船上可就热闹了。 咱们到那头去,注意别叫那人挨近我们!"父亲和母亲对于勒前后不同的语言形成对比,希望中有钱的于勒就是好心人、有办法的人,绝望中没钱的于勒就是贼,就是流氓,深刻地表现出资本主义社会人与人之间赤裸裸的金钱关系。

生2:通过故事情节的巧妙安排来表现。故事的开端是盼于勒,故事的发展是赞于勒,故事的高潮是见于勒,故事的结局是躲于勒。由开篇的热切的"盼"到最后的"躲",情节跌宕起伏,出人意料。但既在意料之外,又在情理之中,因为在资本主义社会人与人之间就是这样的冷酷无情,是完全的赤裸裸的金钱关系,这正有力地证明了文章的主题。

生3:还有一些细节的东西也证明了"资本主义社会人与人之间只有金钱关系"这个主题。比如:小说中有个公务员不再迟疑而下决心求婚,是因为"有一天晚上我们给他看了于勒叔叔的信"。这个细节也表现了在资本主义社会没有真正的爱情,人与人之间只有金钱关系,证明了主题。

生4:……

生5:……

……

师:从同学们的发言中,我们可以看出,全文就是通过曲折的故事情节、典型的人物形象等来表现文章的主题的,文章所有的内容无不在证明"在资本主义社会人与人之间只有金钱关系"这个主题。

几何证明过程和上面的语文课堂是何等的相似:

一是都是为了证明一个已有结论,上述几何题是为了证明"$\triangle ABC \cong \triangle CDA$",而《我的叔叔于勒》教学的目的是证明"资本主义社会人与人之间只有金钱关系"。

二是都是在努力让学生在用已告知的条件去证明,上述几何

题是要求学生能用已知的"AD＝BC，AB＝DC"来推理出"△ABC
≌△CDA"，而《我的叔叔于勒》的教学也是在让学生从课文已有的
文字来充分体现和证明主题"资本主义社会人与人之间只有金钱
关系"。

几何证明是在培养学生的逻辑思维能力，让学生去探得一个
"思路"，懂得一个"数理"，重点在"理解"。而语文课堂呢，笔者认
为，着重点应是让学生去品得一个"美感"，育出一份"心情"，语文
课堂重在"品味"和"感悟"，而不单单在"理解"上。

（三）语文课堂在于"品"

我们用"品茶"来打个比方，袁枚在《随园食单》里是这样描述
"品茶"的："杯小如胡桃，壶小如香橼，每斟无一两。上口不忍遽
咽，先嗅其香，再试其味，徐徐咀嚼而体贴之。果然清芬扑鼻，舌有
余甘，一杯之后，再试一二杯，令人释躁平矜，怡情悦性。"品茶的
"品"在于"上口不忍遽咽，先嗅其香，再试其味，徐徐咀嚼而体贴
之"。只有这样的"品"，才能有"清芬扑鼻，舌有余甘"这样的"味"，
也才能让人品出"释躁平矜，怡情悦性"这样的性情来。语文课堂
也是如此。一篇文章能被选到语文课本上来，必定是精美之作，就
如同一壶上好的茶。而对于这壶上好的茶，我们好多的老师是只
要"茶叶"不要"茶水"。课堂教学经常上来便是字的读音、词的解
释、段的分析及主题归纳，因为这些可能就是考卷上考的基础知
识，是茶壶里看得见的"茶叶"，而对于文章的姿态特色这"茶水"最
多是"一饮而尽"，是什么味儿，最终是不知道的。所以，很多时候，
我们对学过的语文课文，最终只记得作者是谁、认识几个生字词、
记得笔记本上的中心思想而已。而对于文章的美感、情感、艺术

感,因为是"囫囵吞枣""一饮而尽",就没感觉出其"味"来。

课文是"品"出来的。我反对几何证明式的语文课堂教学,一开始就把主题亮出,然后让学生来证明,真是味同嚼蜡,学生一点兴趣都没有。试想,好文章哪个地方不是为主题服务的?哪个段落哪个层次甚至哪个词不是来表现主题的?学生只要随便说说,总是对的,不必去思考,只要主题出来了,什么问题都只要说一下"这里充分地表现了……的主题,体现了……的情感"就行。这就如同捉迷藏,试想,要是一开始就知道对方躲藏在哪里,你还装模作样地去找,有劲吗?举个例子,教《枣核》一课时,有两种教法。另一种是几何证明式的教学法,通过学生的粗略阅读,引导学生明白课文的主题是反映同窗美籍华人思乡爱国的深厚民族感情。然后学生再读课文,找出课文哪些地方反映了这样的主题,学生阅读后纷纷发言,在说每一处时都会带上"这里充分表现了同窗美籍华人思乡爱国的深厚民族感情",最后在教师再次强调文章主题的归纳词中结束课堂教学。另一种是"品"式教学。由题入文,先从题目开始"品",学生会思考题目是"枣核",为什么是枣核不是枣?它有什么用?枣核这个物承载着什么内涵?这样一"品",有些学生可以当时就"品"出答案来,也有些学生当时"品"不出答案,虽"品"不出明确的答案来,但却可以"品"出一种美的意境来,至少学生在心里可以明白这个枣核一定有着不同寻常的意义。然后让学生来"品"课文,学生"品"课文一定要"上口不忍遽咽,先嗅其香,再试其味,徐徐咀嚼而体贴之",不能一目十行,要一小节一小节地咀嚼,甚至于一个词一个词地品味,不是简单地去读课文,而是去追寻文中人物的思想和情感的发展。在这样的"品"的过程中,自己的情感会和文中人物情感、作者一起达到一种意境。在"品"《枣核》这一课时,我们可以在"她托在掌心,像比珍珠玛瑙还贵重"中看到旧时同窗似乎在感受枣核的分量,把这枣核当作非常珍贵的东西。我们可以在"我想厂甸,想隆福寺。这里一过圣诞,我就想旧历年。近来,我老是想总布胡同院里那棵枣树"中感受到这位美籍华人对故乡的思恋。我们可以在"她告诉我,时常在月夜,她同老伴儿并肩坐在这长凳上,追忆起当年在北海泛舟的日子。睡莲的清香迎风扑来,眼前仿佛就闪出一片荷塘佳色"中感受到两位身在异国的老人似乎不在他乡,而是回到故国故地,忘情陶醉在祖国温馨的怀抱之中,思乡爱国之情达到高潮。最后我们可以在"改了国籍,不等于改了民族感情;而且没有一个民族像我们这么依恋故土的"中感受到文章的主题就是讲海外华人对中华民族无与伦比的民族感情,读者、作者和文中的海外华人同胞对中华民族的情感融合在一起,形成了共鸣。前者讲的几何证明式的教学,学生是在分割文章:这是主题,那是证明主题的材料,这儿一块,那儿一块。后者讲的"品"式教学,学生是在融合,在渐次体味文字中,形成自己的一种情感,与作者文中的人、景、物融为一体,把文字化为情感的愉悦,化为心理的享受。

(四)课文课堂在于"悟"

感觉是最直接的,感受是刺激后的,感悟是思考后的。学一篇课文要是不能"悟"点情和理出来,那学习也只能停在表层。佛教是最讲究"悟"的。在佛教中,"悟"是指修炼的人对佛法的理解,达到认识上的悟和最终的悟,那就是大彻大悟,就是慧悟。我们学习语文课文,就是要从课文的表达内容中去慧悟属于自己的东西,也就是我们经常说的要"读出自己"来。

　　如果说"品"是读出作者,那"悟"就是读出自己。"读出作者"是感悟作者的思想感情;"读出自己",是体悟作品的启发价值及与自己类似的生活体验。所以,阅读课文,除了要发掘作者和文本的含义外,还应该读出自己的感受,力求有创造性的理解。这是因为读者有各自的生活经验和知识背景,对作品的理解必然带上个性化色彩;更主要的是阅读不仅要"入乎其内",还要"出乎其外",否则便是"死在言下"。在语文课堂上,教师要不断引导学生去"悟",去"读出自己"。对学生独特的情感体验和创造性的理解要给予尊重和鼓励。比如,笔者在教授日本著名的现代小说家川端康成的一篇小小说《父母的心》时,发觉学生对于课文中用"那对穷夫妻最终拒绝优越的条件,不愿把自己任何一个孩子给富人"的情节表达"天下父母对自己子女有一颗崇高的爱心"这个主题,有着不同的想法。我就考虑让学生去"悟",能有自己的想法。有的学生说,这样的父母真伟大,"贫贱不能移""人穷志不短",爱心是任何优越条件也收买不了的。有的学生说,课文中的富人也是善良的人,如果那对穷夫妻将一个孩子给那富人收养,那他们家的这个孩子会受到良好的教育,将来可能会有美好的未来,那不是更能表达对孩子的负责,更能体现对孩子的爱心吗? 有个学生在整堂课上一直神色不好,这是个女孩子,我以为她生病了,正想找个机会关注一下。就在大家争相发言这样的父母究竟有没有爱心时,这个女孩子突然哭起来了,我和全班同学吃了一惊,只听她哭泣着说:"我是女孩子,我爸妈为了生我弟弟,在把我生下来时就将我送给了别人家,我想到我自己,我就难过。"这时,我才忽然想起,在过去,这样的事不知发生过多少,有一定数量的家庭为了逃避罚款,生下女孩就连夜送走。切身体会过这样的事,在学习这篇课文时,这个女孩子怎能不伤心呢？于是，我再次让大家"悟"这特定时期的社会现象，谈自己的想法。其中一个同学说了这样的话，让大家沉思，他说："我觉得她的父母还是爱她的，父母将她送给别人家养，不是不要她，在当时是一种无奈，是受社会'养儿防老'思想的影响，根本的原因还是当时我国社会养老保障制度不健全，现在，我们从电视上、报纸上可以看到，国家正在建立完善的社会养老制度，从今以后这样的事不会再发生了，所以，我们不能说她的父母不爱她。"学习了这篇课文，学生最终有了自己独特的感受，还有了自己创造性的理解。

语文课堂要是真的让学生去"品"，去"悟"，感悟作者，读出自己，那语文就真叫"语文"了，"文"气就多起来了。

9.
情理语文的"起落式"尝试教学策略
——以《邹忌讽齐王纳谏》为例

上海师范大学的王荣生教授倡导的"起点—落点—终点"教学设计模式,是主张教师在进行教学设计时,要把注意力从教师的"教"转向"学生的学"。笔者在《邹忌讽齐王纳谏》一课的教学过程中,尝试初步运用了"起点—落点—终点"教学设计模式。

《义务教育语文课程标准(2018年版)》对初中学生学习文言文提出了明确具体的目标要求:阅读浅显文言文,能借助注释和工具书理解基本内容,注重积累、感悟和运用,提高自己的欣赏品位。《邹忌讽齐王纳谏》是一篇长约四百字的短篇文言文,记叙了邹忌讽齐王纳谏,使齐王广开言路、修明政治的故事。课文语言浅显、情节生动,比较适合学生自行阅读。对照课程标准要求,针对文本实际,笔者首先确定了本课文教学第一课时的起点和终点。

起点:自行阅读课文第一小节,理解绝大部分词句的意思,能找出三问三答三思,基本能用简练的语言概括出课文叙述的事情。难点在于引导学生读出不同身份的人的不同心理和不同语气。

终点:能读懂,能读出。读懂文言文的大意,对于关键实词的意义能掌握;能根据不同身份的人的不同心理读出对话内容不同的语气来,加深对文段的理解。

从起点到终点,如同过一条大河,这里我引导学生选择过河的工具就是"读"。

其间,我结合学生实际,选择三个落点。

(一)把课文读顺,引导学生"边读边圈""边读边议"

以个体"读"为主,读顺句子,读懂注释,读明意思,"圈"出疑问,"议"出结论。以两两同桌同读为主,适当时可以前后四人一起"议",有问题可查工具书,也可问老师,其间老师就是能走动的"工具书",遇到需要提醒全班同学注意的问题,老师适时地告诉全班同学。

(二)把课文读懂,引导学生"读出人物心理来""读出文段语气来"

以小组"读"为主,大家先针对"三问三答",讨论邹忌询问的三个对象的身份及在相应场合下他们对邹忌的心理状态,再商量用怎样的语气来读人物的对话。一个小组在展示"读"的时候,其他小组和老师进行适当的评价和鼓励。

(三)把课本读出,引导学生"读出人物的思想""读出人物的品质"

以全班"读"为主,用"吾妻之美我者,私我也;妾之美我者,畏我也;客之美我者,欲有求于我也"引导学生去思考"邹忌怎么会发出这样的感慨",从而引出供学生讨论的话题"邹忌是怎么样一个人",让学生初步了解邹忌的品质。

"摸着石头过河","起点—落点—终点"就是让学生看得见对岸,对这节课最终要学到怎样的程度心中有数且有所向往,而其间的落点就是"河中的石头",它让学生脚有支撑,一步一步、一点一点,踩实向前。而在实际教学中,又在努力把每一个落点作为一个终点,每个终点又是下一个终点的起点,这样让教学内容步步深入,课堂结构环环相扣,课堂氛围渐入高潮。

"起点—落点—终点"教学设计模式在课堂教学中的尝试应用让我感觉到,在这样的课堂上,老师会自然关注到学生、关注到文本,自然会让学生去说、去思考,课堂教学有没有效果,不再是看老师有没有教完,而是看学生有没有通过起点、踩在落点、到达终点。这也正符合了深圳市教科院初中语文教研员端木春晓老师倡导的"以生为本,回归文本"的教学理念。

在"起点—落点—终点"教学设计模式的课堂教学实施过程中,笔者产生了一点困惑。在学生起点不一样的情况下,如何实现从不同的起点出发,达到不一样的终点,让不同层次的学生都有收获?在这方面,实际课堂教学时有点力不从心。语文教学中的"因材施教",路在何方?

10.
情理语文的仿句教学策略

仿句,就是仿写句子,即依照已有句子的形式造出新的句子来。这一类题目从思维的角度看,是考查学生的联想思维能力和迁移能力;从语法的角度看,是考查学生运用比喻、拟人、排比、对偶等多种修辞手法的能力;从表达方面看,是考查学生语言表达简明、连贯、得体的能力。在近年来的中、高考中,仿句一般都要占2—6分,因此,对仿句的指导不可不重视。

仿句,要仿出"理"与"情"来。

(一)仿句要仿出"理"

1. 句式结构要同"理"

仿句时,要找出例句的句式结构的"理",将最能体现例句结构的关键词列出,或者列出例句的结构示意图,判断例句的结构形式,然后再进行仿句的句式结构谋划,思考仿句句式结构的"理",列出仿句的关键词,或者列出仿句的结构示意图,与例句进行比照,在确定与例句同"理"后,再进行仿句的创造。

（湖北省仙桃市、潜江市、江汉油田）在下面语段的横线上填入适当的语句，看谁填得语意连贯，句式一致。

让我怎样感谢你！当我走向你的时候，我原想留住一株小草，你却给了我整个绿地；我原想拥有一朵莲花，你却给了我整个荷塘；＿＿＿＿＿＿＿，＿＿＿＿＿＿＿；我原想亲吻一瓣雪花，你却给了我整个雪原。

析：这道题可以先列出横线前后例句的关键词：一朵莲花（部分）——整个荷塘（整体）；一瓣雪花（部分）——整个雪原（整体）。

再进行仿句的关键词的思考，也列出关键词：一片红叶（部分）——整个枫林（整体）。与例句比照一下，确定与例句同"理"，那就可以整合并写下来了。

（广东省江门市）仿照示例，运用古诗名句，再写一句话。

示例：结识古仁人，我赞赏范仲淹"先天下之忧而忧，后天下之乐而乐"的抱负。

仿写：结识古仁人，＿＿＿＿＿＿＿＿＿＿＿＿＿＿

＿＿＿＿＿＿＿＿＿＿＿。

析：这道题可以先列出例句的结构示意图：我＋动词＋古仁人＋"古仁人的名句"＋名词。动词与名词要相搭配。

再进行仿句的结构谋划，也列出仿句的结构示意图：我＋慨叹＋辛弃疾＋"了却君王天下事，赢得生前身后名，可怜白发生"＋悲壮。

与例句进行比照，在确定与例句是同"理"后，再进行整合答题。

2. 表现手法要同"理"

仿句与例句表现手法同"理",就是仿出的句子与例句要用同一修辞、同一表达方式、同一表现手法。很多仿写题的例句都运用了一定的修辞(修辞是中高考考纲必考内容,很多的试卷就是在仿写题里体现),仿写前应分析给定例句所运用的修辞,或比喻或比拟,或借代或夸张,或对偶或排比等,仿句应使用与例句同样的修辞方法才能同"理"。有的仿写题在给出例句时运用了一些特定的表现手法,但大都没有做出说明,针对这样的题目,在对例句进行分析时要能思考出例句运用的表现方法,如象征、比较、抑扬等,在进行仿句时就能和例句在表现手法上前后一致,这才"理"所当然。

　　(江苏省无锡市)仿写句子。要求所写句子与上下文结构一致,意思连贯,所用修辞方法相同。

　　在生活的困境中,牵挂是温暖的春风,抚慰着受伤的心灵;在人生的旅途中,牵挂是＿＿＿＿＿＿＿,＿＿＿＿＿＿＿＿＿;在家庭中,牵挂是美丽的玫瑰,创造幸福的人生。

　　析:这道题明确要求填写的仿句与例句修辞方法相同,看了前后的例句就知道是运用了比喻的修辞,那仿句一定要运用比喻的修辞方法才行。所以可以思考把牵挂比喻成什么,再说出喻体在整个语境中表达的寓意,例如可以说"在人生的旅途中,牵挂是闪亮的明灯,照亮人生的道路"。

　　(浙江省)仿照下面的句子,在画线处再写一个句子,要求句式相同、语意连贯。

山间的清泉,你何必与遥远的大海比浩瀚呢? 你自有你的清纯。

路边的小草,你何必与伟岸的大树比挺拔呢? 你自有你的执着。

_____,_____

_____。

析:这道题通过对例句的分析,可以看出例句运用了对比和象征的表现手法,在仿句时,至少要从两个维度来思考:一是找出像"清泉"与"大海"、"小草"与"大树"这样的对比性强的事物;二是要思考事物同"大海浩瀚"—"清泉清纯"、"大树挺拔"—"小草执着"一样有没有对比性的象征意义。这样,要写的仿句就出来了,比如:天上的星星,你何必与火热的太阳比辉煌呢? 你自有你的璀璨。

3. 逻辑要同"理"

仿写题中所给的例句都有一定的逻辑,都是根据同一事物的特征进行阐述的。在仿句时,要认真思考例句的逻辑事理,再进行仿句的逻辑策划。

仿照下列已有的句子,在画线处另写两个句子,使前后意思衔接一致。

在充满爱的社会里,人人都呼唤爱心。爱心是一片冬日的阳光,使贫病交加的人感到人间的温暖。_____

_____,_____。 ____

_____,_____

_____。

析:这道题中例句里的"阳光"使人感到"温暖"就是逻辑事理,内涵也是相互搭配的。那我们在仿句时就要依照这样的逻辑事理进行仿写。比如我们就可以说"光明"使人看到"希望","绿荫"让人得到"休憩","暖风"使人觉得"舒适"等。

（广东省河源市）顺着下面的第一分句往下说,形成一个排比句。

假如我是清泉,我将浇灌所有干涸的土地;＿＿＿＿＿＿
＿＿＿;＿＿＿＿＿＿＿。

析:这道题中"清泉浇灌土地"就是逻辑事理,那仿句时就要依此逻辑事理仿写,比如可以仿写为"灯塔引领船只""小草绿化大地"等。

(二)仿句要仿出"情"来

1. 立意相同,"情"才同

所有的仿写题都要求前后连贯,语意一致。这就是说,仿句与例句的立意要相同。如果只是结构相同、方法相同,那只能是"形"似,不能做到"神似"。

要想做到"神似",那就要对例句进行认真的思考,思考出例句里所要表现的中心思想。然后再对照中心进行仿句,让仿句与例句的中心思想一致。

（贵州省铜仁市）仿照例句写一段话,使画线句的含义更加丰富、生动、形象。

例句：失去了皑皑白雪，收获了美丽春天

生活中有许多东西是这样，如果没有失去，就不可能有收获。失去了，收获了；失去了，收获了；很多时候，在失去的同时，收获也随即而来。

析：这道题要从整个语段的角度来思考仿句如何写。从全段看，语段的立意是"收获是在失去的基础上才有的，失去的虽然可惜，但收获却也可心"，所以，仿句要根据此立意思考，才能做到前后连贯、语意一致。比如可以仿写为"失去了童年的天真，收获了青春的朝气""失去了明媚的太阳，收获了皎洁的月亮"等。

2. 语境相似，"情"才融

仿写的句子与例句语境相似很重要，如果仿句和例句语境不合拍，那整体就会显得不融合，仿写也会失败。要做到语境相似，就要对例句的语境进行揣摩，根据例句的语境来思考仿写的语境。

（辽宁省大连市）来到首都北京，你能领略天安门的雄伟壮丽，品尝烤鸭的香嫩甜美，的确是不虚此行。

仿句：来到我的家乡，＿＿＿＿＿＿＿＿＿＿＿＿＿，＿＿＿
＿＿＿＿＿＿＿＿＿＿，的确是不虚此行。

析：这道题就有一种语境在里面，读了例句就好像来到了首都，雄伟的天安门、嫩甜的烤鸭就在眼前，且都是地方特色。那仿句就要像例句一样，读之如身临家乡，对家乡的景点和特产进行盘点，将最能体现家乡特色的景物和特产写出来，那才与例句合拍，语境才相似。比如可以仿写为"来到我的家乡,你能领略到天山的磅礴气概,品尝哈密瓜的甜美香脆,的确是不虚此行"等。

（湖北省荆州市）品析句式特点,在具体的语境中续写一个句子。

如同赞美每一个温馨的早晨,我赞美太阳递给我的第一缕晨曦。借助晨曦,我看见庄严上升的国旗,看见大海激动的波涛,＿＿＿＿＿＿＿＿＿＿＿＿。我要给我们古老而又年轻的国度以衷心的祝福:早安,中国。

析:这道题要仿的句子必须与语段中前后的语境一致,前面"看见庄严上升的国旗,看见大海激动的波涛",接着是看见什么呢? 看见"大树"行吗? 不行,因为没有前面大海波涛的气势,仿写的句子要接着"大海激动的波涛"的气势写,所以要选择有气势的事物来写,比如仿写为"看见草原奔腾的骏马",就有了"大海激动的波涛"的气势。

3. 哲理相通,"情"才通

一般要求进行仿写的语段都含有一定的哲理,仿句要和例句哲理相通,那才得体、有力。

（福建省宁德市初三毕业班质量检查）仿照下面两句话,再写一个句子,要求句式相同、语意连贯。

让我们来做花的事业吧,把芳香传给别人;

让我们来做叶的事业吧,把花顶过自己的身躯;

＿＿＿＿＿＿＿＿＿＿,＿＿＿＿＿＿＿＿＿＿。

析：这道题两个例句里就有一个哲理，即"花"与"叶"的"奉献"，所以仿句也要写出"奉献"的哲理来。同时，由"花""叶"能想到什么呢？要思考，那就是"枝""根""土"等，所以可以仿写为"让我们来做根的事业吧，把养分输送给叶和花"，或"让我们来做土的事业吧，把千万棵树孕育得根深叶茂"。

在画线部分填上恰当的话，使分号前后的内容、句式对应，修辞方法相同。

①悲观者说，希望是地平线，就算看得见，也永远走不到；乐观者说，希望是 ＿＿＿＿＿＿＿＿，＿＿＿＿＿＿＿＿＿，＿＿＿＿＿＿，＿＿＿＿＿＿＿＿＿＿。

②乐观者说，风是帆的伙伴，能把你送到胜利的彼岸；悲观者说，风是 ＿＿＿＿＿＿＿＿，＿＿＿＿＿＿＿＿＿。

析：这道题是用对比的方法将"悲观者""乐观者"对事物截然相反的看法和态度摆在一起，让人思考。所以，仿写时一定要思考每题里面例句对事物看法和态度的相反面是什么，只有形成对比，才能使整句富有哲理，给人思考和力量，否则仿写就不成功。比如：第一题可以仿写成"希望是启明星，即使摘不到，也能告诉人们曙光就在前方"；第二题可以仿写成"风是浪的帮凶，能把你埋葬在大海深处"。

11.

情理语文的综合性学习教学策略

（一）导言

在自然界中，物种与物种间存在着千丝万缕的联系，组成了自然界中的生物链，无论哪一种物种的灭绝都会给其他物种带来影响。因此，对每一个物种，不论大小、美丑，都应该保护。目前我国野生动物的生存情况非常严峻：生活在青海可可西里高原的藏羚羊 10 年前还有几十万只，现在已不足 7 万只，并且每年还要被猎杀 2 万只；生活在长江里的白鳍豚 20 年前还有 400 头，现在已不足 20 头；野外生存的东北虎就长白山还有 8 只……保护野生动物，已经到了十分关键的时候！关注大自然，就是关心人类自己。为保护野生动物出力，该从我们身边的点点滴滴做起。

（二）活动方案

1. 活动目的

（1）通过活动更直接、更具体地了解野生动物，树立保护野生动物的意识。

（2）在活动中综合运用各种知识，学习语文，运用语文。

（3）在活动中培养创新精神和实践能力。

（4）通过活动使学生关注生活，热爱生活，互相协作，保护自然。

2. 活动设计

（1）活动准备。

①建立活动小组，明确组员的分工。

②各组选定一种需要保护的野生动物，到网上、图书馆查阅相关资料，介绍它的特征，说明保护它的重要意义。再查阅资料，收集有关野生动物生存状态的资料。

③小组合作，调查本地区的野生动物的情况：种类、数量及已采取的保护措施；公众的保护意识；对野生动物的伤害情况。结束后写一份简单的调查报告，形成自己的意见。

④各小组准备一个节目（小品、朗诵、书画、音乐、舞蹈等均可），开展一次语文活动。

（2）活动步骤。

①走进动物世界。

A. 用多媒体展示同学们收集到的关于野生动物的图片，传阅与野生动物有关的照片、实物、明信片及邮票等。

B. 同学发言。话题：我最喜欢的野生动物。说清楚动物特点和生活习性及喜欢的原因。

②动物与语文。

A. 成语填空，续填歇后语，猜动物谜语。

B. 成语如：鼠目寸光、虎视眈眈、牛鬼蛇神、兔死狐悲、龙飞凤舞、蛇蝎心肠、马到成功、羊肠小道、猴年马月、龙腾虎跃、鹤立鸡群、狗急跳墙、如鱼得水、珍禽异兽、噤若寒蝉、虎背熊腰、莺歌燕舞、指鹿为马、狼吞虎咽、鱼目混珠、蜂拥而起、凤毛麟角、狼心狗肺、雕虫小技、偷鸡摸狗、井底之蛙、惊弓之鸟。

歇后语如:老虎屁股——摸不得,老鼠过街——人人喊打,老牛拉破车——慢吞吞,猴子吃辣椒——抓耳挠腮,黄鼠狼给鸡拜年——没安好心,肉包子打狗——有去无回。

谜语如:播种(布谷);整容(画眉);兄长多(八哥);霜须公(白头翁);恍然大悟(知了);样子差不多(象);浑身是尖针(刺猬);行也是坐,立也是坐,坐也是坐,卧也是坐(蛙);头大脚掌大,像个笨冬瓜,四肢短而粗,大多穿黑褂(熊)。

C.有关动物的诗词背诵。齐背古诗三首:《蝉》《孤雁》《鹧鸪》。临时抽背其他有关野生动物的诗词。

③直面现状。

A.用多媒体播放视频,画面展示了茫茫草原上动物欢快的生活及由于生态破坏动物面临的死亡的恐慌。最后以老虎无奈、凄楚、期盼的眼神定格,给人以震慑、反思。

B.各小组展示收集到的关于野生动物生存现状的资料。

C.配乐宣读动物界近百年来的灭绝名单。

D.看视频,看表演,小组讨论、探究造成这样严峻现实的原因。

E.野生动物已经发出凄惨的呼救声,下面,先请同学们观看一组图片,看flash《我是一只小小鸟》,以一只小鸟作为所有野生动物的代言人,从中找到一些造成它们生存危机的原因。

F.学生表演小品《藏羚羊的哭诉》。

G.除了短片和表演中所反映的一些情况,小组讨论找出其他的原因。我国政府历来关注生态环境,重视保护野生动物,都采取了哪些保护措施? 针对保护野生动物存在的问题,请你想一想还有哪些好的建议或办法。

④爱心行动。

A. 讲述一个女孩保护丹顶鹤的动人故事,播放视频《一个真实的故事》,观看舞蹈表演。

B. 念所写的建议书,呼吁各饲养、运输、餐饮企业经营者不非法经营、贩运、加工、制作、销售野生动物及其制品,做一个绿色、环保、守法的经营者。

C. 进行"做动物的朋友"签名仪式,同学代表宣誓。

D. 为保护野生动物写一个小标语,要求简洁、醒目。

示例:

a. 不要让你的孩子只能在图画里看到老虎!

b. 保护野生动物就是保护人类自己!

c. 向关心朋友一样关心动物吧!

d. 同在蓝天下　人鸟共家园

E. 口语交际题:如果在餐馆或家中见到有人吃野生动物,要纠正他们,你该如何劝阻?

示例:在当今的社会里,滥食野生动物是一种极不文明的陋习,它是造成乱捕滥猎,走私贩私,非法加工、制作、出售野生动物的原因之一,严重地破坏了野生动物资源和自然界的生态平衡,对人类健康构成威胁。

3.总结

野生动物是自然生态系统的重要组成部分,在维护自然生态平衡中的作用及其在社会生活中的地位日益受到广泛重视。保护野生动物,不仅关系到人类的生存与发展,也是衡量一个国家、一个民族文明进步的重要标志之一。全社会要积极行动起来,不乱捕、不滥杀、不滥食野生动物。保护野生动物在从餐桌做起,做一个文明守法的公民。

4.后期任务

各小组做好保护野生动物的宣传活动(可以用黑板报、电脑小报、手抄报等多种形式)。

附:相关材料

1.练习及答案

(1)在"保护野生动物"活动中,我们调查了本地区野生动物的生存状况。现在请你回忆一下:

①你所在的小组当时调查的具体课题是什么?主要采用了哪种调查方式?当时采用的成果展示形式是什么?

调查课题:如饭馆或家庭食用野生动物情况调查等。

调查方式:如采访、座谈、问卷调查等。

成果展示形式:如调查报告、建议书、倡议书、照片图片等。

②以本地区某种野生动物生存状况为例,试分析一下,造成这种野生动物生存危机的因素有哪些,谈谈你对保护这种野生动物的建议。

如本地有野生动物麻雀、青蛙等,造成它们生存危机的因素有药物使用、人为捕捉食用等。建议多宣传,规范人们的行为,不滥捕滥杀,不使用剧毒农药等。

(2)在班级开展一次以保护野生动物为主题的宣传活动。

①现在请你拟一则广告语宣传此项活动。

如"关注生态大自然,就是关心人类自己""保护野生动物,从点点滴滴做起"。

②假如你看到爸爸正与朋友在饭馆或家中吃野生动物,你该怎么动之以情、晓之以理?

爸爸,吃野生动物不仅容易染上不明的病菌,而且会使它们的生存状况更加不容乐观。请不要再吃野生动物了,好吗?(注意要有称呼,理由含在情理之中,语言委婉得体)

2. 相关阅读材料

(1)野生动物灭绝名单。

(2)《泪的重量》(林希,摘自《读者》2004 年第 1 期)

(3)资料网站:中国野生动物保护协会网站、野生动物保护论坛、野生动物网。

12.
情理语文的公开教学反思策略

我听了很多语文公开课,基本上是一节课就完成一篇课文的教学任务。且从上课伊始到下课,教学中的各个环节都齐全,整体感知—分析品味—迁移拓展—归纳小结,看似一篇课文应该完成的教学任务都得以完成,甚至于一篇很长的课文,经过教师的精心设计,也能在一课时内完成学习。当然这都是在公开教学活动时才出现的一个很奇怪的教学现象。近日,听一位老师上《孔乙己》一课,竟也是用一节课上完的。在评课时,很多老师都说,这样的课文平时要三课时才能完成,这位老师一课时就完成了教学任务,真不简单,言辞中他们对老师课前的精心教学设计充满着羡慕和佩服。

语文公开课非要一节课教完课文吗?

(一)一节课教完课文的课,克扣了什么?

1. 克扣了学生阅读文本的时间

听了很多课,老师都设置了"请同学们自由读课文,并思考下列问题"这样的环节,当时间过去三五分钟时,老师已经耐不住课堂的"冷淡"和"寂寞",一句"好,时间到,请同学举手发言,你读到什么"就让学生的自由阅读收场了。我们试想,当你说时间到的时候,学生阅读结束了吗? 老师自己有没有预先试着阅读算算时间? 一篇课文,约有多少文字? 默看要多长时间? 朗读要多长时间? 如果在学生阅读课文时,教师还加了圈画勾点的要求、加了思考问题的要求,那估计要多少时间能做到? 老师读的时间和学生读的时间差多少? 阅读迅速的学生与阅读困难的学生阅读的时间差多少? 没等学生真正读完就"鸣金收兵",其骨子里是因为教师下面要做预先设定的事,"以学生为主体""学生是课堂的主人"没有真正落到实处。像《孔乙己》这样的长文章,学生真的要去读,半个小时能读好就是快的了。

2. 克扣了学生思考问题的时间

教师提问,学生要有一段时间的思考,但上课老师一般是只要有学生举手了,就立马让这样的优等生站起来回答。真的有价值的问题,是需要思考时间的。如教《老王》一课时,很多老师会让学生思考课文最后一句话"几年过去了,我渐渐明白:那是一个幸运的人对一个不幸者的愧怍"的含义。对这个问题的思考,学生是要花时间的,要结合全文、结合作者当时所处的时代、结合作者自身等方方面面的因素来思考,岂是一两分钟学生就能思考出来的? 但在课堂上,什么问题能等学生思考两分钟的时间呢?

3. 克扣了课堂互动的时间

小组合作学习、小组讨论,这些年来,很多的课堂已开始这样的互动,但其效果如何还有待调查,已有专家在呼吁,课堂不要这样的"做秀"。课堂互动是好事,学生之间的相互交流,对学生是有益的,因为很多的问题不是每个学生都能有机会在班级进行表达展示的,但在小组里是可以进行表达的,且同伴之间的交流会更随性和流畅。由于教师怕时间收不住,很多的小组讨论,只是走过场,一个小组四个人或六个人,每个人都说出自己的思考与问题要多长时间、同伴之间相互的争论要多长时间,教者都没有去估算,只是考虑设置这个环节而已,时间不是以学生能充分交流为准,而是以教师设定这个环节只安排多少时间为准。正因为有教师克扣时间,加之小组讨论组织的无序,所以,小组讨论、学生交流互动成了一种"做秀",效果不大。

4.克扣了学生表达的时间

学生表达在课堂上是多种形式的,发言、辩论、板演、表演、创作等都是表达,如学习《变色龙》一课时,学生在学习过程中会产生很多表达的形式,可以对话、可以表演、可以辩论、可以改编。真的把课文读进去了,文本就成了素材,学生可以在老师的引导之下很惬意地去享受《变色龙》的文学之美。但是,我们老师课堂上给时间了吗?并没有。很多的公开课都是将其作为课后"作业",而这样的作业一般都会"流产"的。

5.克扣了学生巩固积累的时间

语文公开课,几乎没有见到当堂留时间让学生去记住点什么。每一篇课文都是经典,文中都会有一些值得一辈子不忘的语段,课堂中理应花点时间让学生去结合课堂上的理解和品味记住这些经典语段,这样学生是会终身受益的。但公开课中,这种环节几乎都没有。一位特级教师曾这样说过,我们都在鼓励学生去读优秀作文,难道我们的课文不优秀?为什么每篇课文我们不让学生去记住里面的几段话呢?舍本逐末,丢了西瓜,捡了芝麻。如果在以上五点上不克扣时间,试想,一节课能教完一篇课文吗?

（二）一节课教完课文的课，加重了什么？

1. 加重了学生课前的负担

很多的公开课，教者要让学生课前做好充分的准备，近期出现的"讲学稿"，就是一份试卷，课前学生要花一个多小时才能完成。因为这样的课前准备作业，教师是不需要批改的，有的教师甚至都不收上来看的，所以，学生做时没有压力，也不追求正确性，很多的学生是找些资料进行大幅度的抄写，或者同学之间相互抄袭，几乎没有去思考，但时间上却费了很多。

2. 加重了学生课后的负担

这样的公开课在课堂上摆了花架子，很多应该当堂落实的东西，教师都放到了课后。可以这样说，凡是不考的，都是在课堂上完成的；凡是考试要考的，都是在课后强加训练的。这话有点偏颇，但多多少少是有点趋势的。课堂上没有去落实字词，反而在课后加以大量的训练；课堂上没有去背诵名段，反而在课后要学生花很长的时间去记忆；课堂上没有掌握阅读的技巧，反而需要学生课后去大量地做阅读分析；课堂上没有去用课文学会写作，反而要学生在课后花很多的时间去背优秀作文。大家说，这样的话，学生课后作业怎么会少？课业负担怎么会不重呢？

3. 加重教师课前的麻木性

教师课前只考虑如何在很短的时间内完成一篇课文的教学任务，对课的环节如何精心策划，如何像演戏一样，一集一集地演下去，哪个环节多少时间，哪个环节说什么话，保证在下课时，课能很完整地结束，却没有去考虑学生的学情和学力，对学生的课堂目标达成处于一种麻木状态。可以这样说,教师考虑更多的是教者如何完成教学任务,而很少考虑学生如何真正达成学习目标。

4. 加重了教师课后的烦躁

一节课本不能完成的任务,在不科学的策划中完成了。但教师心中对还有哪些地方不到位是有数的,定然会通过不同途径来补救方案。这种补救是要花气力的。教师要重新审视学生目标的达成度,要重新设计教学补救,甚至要去加班加点来完成看似完成实际没有完成的教学任务。用生物学术语说,叫"反刍"。学生学习的"反刍"有时是很乏味的,很苍白无力的。当前,语文老师的苦,不在课堂,而在课后,要批改大量的作业,要重复性地、机械性地进行训练,且效果还不是很好,这可能就是大众所说的,语文补课没多大用处、语文家教市场不大的原因。

(三)一节课教完的课课文,折射出什么?

1. 折射出公开课的虚假

可能平常的课不会一节课教完,但因为是公开课,课不是上给学生听的,而是上给听课、评课的教师或专家听的,要给听课、评课的专家或教师看到课的完整性,所以就要一节课上完。公开课,其实是一种引导教学,最可贵的是要真实,只有真实才具有引导作用。如果只是镜中花水中月,那还是不上为好。

2. 折射出语文教学的浮躁

近期,有专家提出,让语文课安静下来,这是很有道理的,语文教学在走"声""光""电"的道路,一片喧闹景象。因为喧闹,学生没有时间让心静下来思考;因为喧闹,教者没有安排静的时间来让学生沉到语文中去;也因为喧闹,所以一节课可以教完应该要两节课、三节课才可以教完的课文。在浮躁的语文教学中,一节课就是一折完整的戏,锣鼓喧天,生丑末旦逐一登场,热热闹闹,唱罢完事。在现在纷杂的语文教研活动中,谁愿意去听一节没头没尾的课呢?

最后想声明一下,我这里说的语文公开课不必一节课上完一篇课文,不是绝对的,如果课文很短小,课时安排就是一课时,当然是可以一课时上完的。但如果课文内容很丰富,且对照学生学情来看,一节课的教学设计克扣了学生时间、加重了学生负担,那就不要违心地去努力一节课上完一篇课文,像《老王》《散步》《苏州园林》《幽径悲剧》等课文都需要两课时以上才能上完的。好课文,要有耐心地去读,要有时间去磨,才能读出自己的东西来,才能磨出真正的语文素养来。教材无非是个例子,把例子用足用好,才是正道。一篇经典课文,真的需要三四个小时或者更多的时间来揣摩,还是以《孔乙己》为例,一节课是教不完的,要三节课才可以大体完成。

13.
情理语文的考试评价策略

考试是一件很紧张的事,如何让考试轻松起来?在语文教学实践中,我尝试着从命题设计的角度来对考试进行创新,让学生在轻松的氛围中不知不觉地接受语文素养的测试。

苏教版《义务教育课程标准语文实验教科书(七年级下册)》编者在编写时,充分体现了课标提出的新理念,力求改革单一文选式的编排体系,构建新的语文能力初中系统,致力于学生语文综合素质的提高,促进语文课程的呈现方式和学生学习方式的转变,确立学生在学习中的主体地位。全书设有主题合成单元、"名著推荐与阅读"和"专题"单元,每个单元围绕一个主题组织读写听说和语文实践活动。我在设计七年级(下)语文(苏教版)的期末考试试卷时主要是努力做到以下两点。

(一)用教材来考

全书共六个单元,每个单元都有一个主题,分别是"人物风采""童年趣事""建筑艺术""动物世界""信息传播""诗词拔萃",围绕主题,每个单元设计了相关的阅读、写作、口语交际及语文实践活动,另外还专设栏目推荐阅读名著《西游记》及进行关于"荷"的专题探究。我的命题设计意图是要从教材中出题目,考查学生对主题合成单元选文的阅读理解,考查其对单元主题的迁移思考,考查一学期来学生参加单元主题语文能力活动的程度和收获。所有题目都来自教材,生成于教材,把教材作为命题的支点,来检测学生在一学期语文学习中所生成的语文素养。

(二)让学生很轻松地考

在这次设计中,我力求创设一个师生对话的情境,让学生一拿到试卷不觉得是在考试,而感觉是在和老师对话,那样会达到三个目的:一是学生会不紧张,没有考试焦虑感,心也会很快地静下来去完成任务;二是学生会很自由地发挥自己的思维,使得每个测试点都能考查出学生真实的思维状况和语文素养;三是因为是对话情境,试卷没有审题的圈套,学生能很快明白自己要做什么,这样就不会让学生陷入审题圈套致使不能检测学生的真实水平。

命题设计如下:

致同学:

读完这本语文课本,大家也许已经领略到了古今优秀人物的风采,感受到了童年生活的乐趣,欣赏到了中外建筑艺术的魅力。在"动物世界"中,我们去感受了生命的可爱;在"信息传播"中,我们去体验了历史的变迁;在"诗词拔萃"中,我们去理解了文人墨客的心境……

更让同学们快乐的是,我们的语文课堂走出了教室,一学期多次的综合实践活动和专题学习,让我们感受到了语文的博大和精深。

下面一段师生对话中出现的练习只是让大家对一学期语文学习有一点回顾,希望同学们写出自己真实而又独特的应答和思考。

时间:二〇〇七年六月三十日上午八点至十点

地点:初一(4)班教室

人物:王老师、张弛同学

对话:

王老师(以下简称"师"):

张弛同学,你好。今天我们一起来回顾一下这学期我们语文学习的收获,同时老师也想检测一下你语文学习的成绩。希望你多动脑筋,争取一个好成绩。(2分)

张弛同学(以下简称"生"):

师:这学期我们仍然强调要能规范、端正、整洁地书写正楷字,请你写出 4 句这学期在语文课本或语文读本中诵读到过的名句。写正确得 4 分(每句 1 分),写规范、端正、整洁得 2 分。

1												
2												
3												
4												

师:张弛同学,你能对你书写的名句从书法要求上作

个简短的评价吗？（2分）

　　生：

　　师：这学期我们从"人物风采""童年趣事""建筑艺术""动物世界""信息传播""诗词拔萃"六个方面阅读了几十篇文章，在阅读中我们扩大了知识的视野，对人、事、物有了自己的认识和见解。下面我们选几点回顾一下。

　　在"动物世界"中，通过阅读，我们熟悉了松鼠、松树、金龟子、大熊猫等动物，请你从中选一种动物，用生动的说明语言向我进行简洁的介绍。这道题4分。希望你能说得生动形象。

　　生：

　　师：学习了"动物世界"后，班级开展了一次保护野生动物的活动，在这次活动中，你调查到我们泰兴地区主要有哪些野生动物？目前人们保护它们的意识如何？还存在哪些问题？对此你有哪些建议？这道题也是4分，如果建议有特色还可以加1分。

　　生：

　　师：在"信息传播"中，我们读到了一些具有划时代意义的消息和通讯。如果现在我们要在网上查询关于航天员"杨利伟"的有关信息，最快捷的方法应该怎么操作？这道题2分。

　　生：

师：网络本来是一种先进的学习载体，但令人伤心的是它却成了极少数同学的"电子海洛因"。我们班李琪同学有进网吧打游戏的坏习惯，他家长反映，有时李琪同学在网吧通宵不归，成绩也严重下滑。快期末考试了，他还不改。他爸爸气极了，前天便狠狠地打了他一顿。你对这事有什么看法？如果明天李琪爸爸到学校来，你作为李琪的同学对他爸爸该怎样说？看法1分，对李琪爸爸说的话1分。

生：

师：在"专题"《荷》中，我们咏诵了唐代诗人郑谷的《莲叶》。"移舟水溅差差绿，倚槛风摆柄柄香。多谢浣纱人未折，雨中留得盖鸳鸯。"这首诗写得好美，特别是前两句，写出泛舟品莲叶的美好景象。你能否根据想象，描写这两句诗表达的场景？说得好得4分吧。

生：

师：本学期我们还学习了好多介绍建筑的文章，描写建筑物的时候用词要准确。我搜集了一组词语，这中间有四个字写错了，请你圈出错别字，并订正一下。订正一个得1分。

弛名世界 金碧辉煌 别具匠心 优美恬静 接踵摩肩

造形优美 丰功伟迹 中西合壁 跌宕有致 枝繁叶茂

生：

师：在"诗词拔萃"中，我们学习了唐代大诗人白居易的《观刈麦》。这首诗真实地写出了农民的辛苦，也表达了作者对农民生活的同情。我们一起背背前面部分，我背前一句，你背后一句。每句1分，不能背错写错呀。

师：田家少闲月，五月人倍忙。生：＿＿＿＿＿＿＿＿

＿＿＿＿＿＿，＿＿＿＿＿＿。

师：妇姑荷箪食，童稚携壶浆，生：＿＿＿＿＿＿＿

＿＿＿＿＿，＿＿＿＿＿。

师：足蒸暑土气，背灼炎天光，生：＿＿＿＿＿＿＿

＿＿＿＿＿，＿＿＿＿＿。

师：好吧，我们就背到这里，你说说"田家少闲月，五月人倍忙"这句诗的意思。完全正确得2分。

生：

师：从刚才背的哪句诗中可以看到在田间劳作的农民的辛苦？找出来2分。

生：

师："足蒸暑土气，背灼炎天光"后面的诗句，刻画了刈麦者什么样的心理？只要写得符合诗意就得2分。

生：

师：这学期，课本要求大家看《西游记》，这里有一段选段，我们一起来赏析：

这大圣拨转云头，径回东路，霎时按落云头，立在红砖壁下。八戒见了欢喜道："师父，师兄来了，来了！"三藏即与本庄老者同沙僧出门接着，同至舍内。把芭蕉扇靠在旁边道："老官儿，可是这个扇子？"老者道："正是，正是！"唐僧喜道："贤徒有莫大之功，求此宝贝，甚劳苦了。"行者道："劳苦倒也不说。那铁扇仙，你道是谁？那厮原来是牛魔王的妻，红孩儿的母，名唤罗刹女，又唤铁扇公主。我寻到洞外借扇，他就与我讲起仇隙，把我砍了几剑。是我使棒吓他，他就把扇子扇了我一下，飘飘荡荡，直刮到小须弥山。辛见灵吉菩萨，送了我一粒定风丹，指与归路，复至翠云山。又见罗刹女，罗刹女又使扇子，扇我不动，他就回洞。是老孙变作一个蟭蟟虫，飞入洞去。那厮正讨茶吃，是我又钻在茶沫之下，到他肚里，做起手脚。他疼痛难禁，不住口的叫我做叔叔饶命，情愿将扇借与我，我却饶了他，拿将扇来。待过了火焰山，仍送还他。"三藏闻言，感谢不尽。师徒们俱拜辞老者。

师：这一段选自《西游记》第五十九回"唐三藏路阻火焰山，孙行者一调芭蕉扇"，从这段中你能看出孙悟空的性格特点吧？请你从语段中找出两句说说体现了孙悟空的哪些特点。找的语句与所说的特点只要相符就得2分。

生：

师：语段中提到"他与我讲起仇隙"，结合全书内容，说说孙悟空与铁扇公主的仇隙在何处。回忆一下看过的这部书,说得与原著基本相符就得 4 分。

生:

师:你一定看过《西游记》电视剧吧,说说你是喜欢读《西游记》的书呢还是喜欢看《西游记》的电视剧呢?得多少分不在于你喜欢哪个,只在于你的理由是否有个性。好好想想,这题总共 4 分呢。

生:

师:《语文读本》上有一首现代散文诗,是《杨柳与水莲》,作者用拟人的手法,通过杨柳与水莲的对话,表达了自己对美的执着探寻和积极追求。我们一起来有感情地读读。

晓风里的杨柳对残月下的水莲说:

"太阳起来了,你睡醒了么?你花苞似的眼里为什么含了清泪?"

"它是我昨夜恐惧悲哀的泪,也是我今朝欢欣感涕的泪。"

"你恐惧些什么?你悲哀些什么?"

"啊,夜的黑暗呀,污泥里的冷湿呀!"

"你不曾看见夜的美么?"

"我含泪的眼和悲哀的心,一届黄昏,就深藏到绿叶的沉梦里。"

"夜的幕上有繁星织就了的花园,园中有月神在徘徊着,有牛童织女在恋爱着,有夜莺啼着,有花香绕着,你何不从那绿叶的帘里,来到碧夜的幕中!"

水莲说:"啊,是呀!"

太阳落后,明月起时,可怜的水莲,抱着她悲哀的心,含泪的眼,亭亭地立在黑暗的深处。

师:面对刚刚逝去的夜,杨柳和水莲有着截然不同的感受。谈谈它们分别有怎样的不同感受。想想就会啦,这题2分。

生:

师:杨柳和水莲产生不同的感受的根本原因是什么?考虑考虑,这题2分。

生:

师:在我们的生活中,也常常有像这首散文诗中杨柳和水莲对夜产生不同感受的现象,请你列举一例,同时说说你自己的态度。回顾我们生活中的人和事,提炼一下,就好啦。自己的看法要表达清楚,这题4分。

生:

师:散文诗意味深长,在读的过程中一定有值得去思考的问题,你能提出一个让大家来讨论的问题吗?学习要学会提问,而且问题要值得让大家思考呀,想几个,然后选两个最好的,2分。

生:_____、_____。

师：刚才的散文诗是杨柳和水莲在"对话"，我们今天的语文测试也是在"对话"，"对话"是一种交流，也是一种表现形式。请你以"对话"为话题，写一篇作文，字数在600左右，注意句子通顺，正确使用标点符号，不要写错别字，拟一个好题目。作文40分，希望你写出你最真实的、最优美的文章来。

14.
情理语文的名著阅读考查策略

　　文学名著是人类文化和思想的精华,阅读文学名著不仅能享受到优良的文学艺术熏陶,还能体悟人生经验与智慧,激发孩子们的人性情怀、精神理性和社会责任感。在《义务教育语文课程标准(2011 年版)》中,明确提出了有关阅读文学名著的目标要求,要求学生具有独立的阅读的能力,注重情感体验,有较丰富的积累,形成良好的语感,学会运用多种阅读方法,能初步理解、鉴赏文学作品,受到高尚情操与趣味的熏陶,发展个性,丰富自己的精神世界。九年义务教育期间,学生课外阅读总量应在 400 万字以上。《义务教育语文课程标准(2011 年版)》中在第四学段(七至九年级,即初中学段)又具体地提出了要求,即欣赏文学作品,有自己的情感体验,初步领悟作品的内涵,从中获得对自然、社会、人生的有益启示。对作品的思想感情倾向,能联系文化背景做出自己的评价;对作品中感人的情境和形象,能说出自己的体验;品味作品中富于表现力的语言。近几年来,全国各地的中考中,文学名著已成为语文考试的一个亮点,考试的形式也是多种多样。那么对于文学名著究竟应该如何考,本文结合近几年各地语文中考文学名著考试样式,做一点探究思考。

（一）考查有没有独立地阅读名著

这一类题目主要考查名著是谁写的、写的是谁、写的哪些事，题型一般以填空为主，也有以仿写或叙述的形式出现。这样的考查比较简单，只要真的去阅读了，把握了名著的主题和内容及相关的常识，就大都不会失分，但一定要回忆准确，不要张冠李戴，特别强调的是不要写错别字。

1.保尔·柯察金是苏联长篇小说_____中的主人公，他的精神鼓舞了我国千千万万的读者。

2.我国古典文学名著《三国演义》中塑造了一个过五关斩六将、千里走单骑的英雄形象，这个英雄是_____。这部书中有关这个英雄的传奇故事还有许多，请用最简洁的语言写出一个故事的名字：_____。

3.在《水浒传》中，绰号为"智多星"的人是_____，他也被称为"赛诸葛"。他与一伙儿好汉在"黄泥冈上巧施功"，干的一件大事是_____。

4."一个是阆苑仙葩，一个是美玉无瑕。若说没奇缘，今生偏又遇着他；若说有奇缘，如何心事终虚化？"这首词揭示了《红楼梦》中一对青年男女的爱情悲剧。其中"阆苑仙葩"指的是_____，"美玉无瑕"指的是_____。

5."花果山正当顶上，有一块仙石，内育仙胞，一日迸裂，产一石卵，似圆球样大，因见风，化作一个石猴。"这是我国古典文学名著《_____》中的内容。

析:1—5 题就是用填空题的形式考查学生对《钢铁是怎样炼成的》《三国演义》《水浒传》《红楼梦》《西游记》有没有进行独立阅读,这是考查最基本的名著知识。

6.读一定数量的课外文学名著,是语文学习的基本要求。但读书除了积累知识外,更重要的是学会思考。初中三年,你一定在老师的指导下读了不少课外好书。下面请你做一个简要的读书札记。

书 名:_____

作 者:_____

印象最深的人物:_____

该人物形象给你的人生启示:_____

_____。

7.语文课开展"走近名著"活动,请讲述一个你熟悉的名著中的故事。(要求:说出书名、人名和有关情节,在叙述中至少运用一个成语或名言、警句、格言。)

8.从下面四位作者中,选出其中一位,完成读书卡片。

吴承恩 施耐庵 安徒生 莫泊桑

读 书 卡 片	
作者	
人物	
与人物相关的故事	

析:6—8 题是比较灵活的考查形式,要求学生用叙述的形式回忆自己阅读过的名著。学生在做这类题时要选择自己印象比较深

刻的名著按照考题的提示回答,要注意语言的连贯性,并且一定按照题目要求的形式回答。

(二)考查阅读名著时有没有自己的情感体验

这一类题目主要是考查在阅读名著时对作品中感人的情境和形象是否能说出自己的体验和感受。这要求学生在阅读时理解名著中的人物、情节、环境,深刻领会作品的内涵,幻化为作品中的人物,沉浸于作品中的情节,体验作者在字里行间所蕴含的情感,并生发出自己的情感。

9.某班要举行一次名著阅读交流会,要求每位学生在规定的书目中任选一本,围绕下列话题中的一个话题准备材料。假如你是该班学生,请把你的发言内容写在下面。(不少于40个字)

书目:《水浒传》《西游记》《骆驼祥子》《童年》《钢铁是怎样炼成的》

话题:(1)我最喜欢的一个人物;(2)我最熟悉的一个故事。

10.根据《教学大纲》推荐的名著填空。

《繁星·春水》美在它对母爱、童心的赞美;《＿＿＿＿＿＿》美在它＿＿＿＿＿＿＿＿＿；鲁智深美在他疾恶如仇、有勇有谋的性格;＿＿＿＿＿＿＿＿美在他(她)＿＿＿＿＿＿＿＿＿＿＿。

析:9—10题就是要求学生在通读名著的基础上,对作品中感人的情境和形象有自己的体验和感受。面对这样的题目,学生在作答时,一要看清题目要求,有的是要求对题目规定的人物形象或者情境写出在阅读时自己的体验和感受,有的是由学生自己选择,写出自己阅读时的体验和感受;二是要能结合名著具体内容来回答,因为自己阅读时的体验和感受是从故事内容和人物形象描写中得来的,能基于名著的具体内容来回答,就能显示出是真正地阅读过名著。

(三)综合考查对名著的理解

这类题型难度较大,要求学生不仅要阅读名著、理解名著,还要具备语言组织方面的才能,能熟练地驾驭语言,综合地运用语言来完成回答。

11.对对联。

上联:足智多谋,孔明巧借箭。

下联:＿＿＿＿,＿＿＿＿＿＿。

12.班上准备开展题为"话说英雄"的综合性学习活动,请你阅读参考资料《感动中国 2004 年颁奖词(节选)》,按后面要求做好准备。

感动中国 2004 年颁奖词(节选)

任长霞——她是中原大地上的一个女英雄。扫恶打黑,除暴安良,她铁面无私;嘘寒问暖,扶危济困,她柔肠百转。十里长街,白花胜雪,挽悼如云,那是流动在百姓心中的丰碑!

一个弱女子能赢得百姓的爱戴,是因为,在她的心里有对百姓最虔诚的尊重。

（1）请你从读过的文学名著中推荐一位令自己感动的英雄人物。

人物姓名：_____；作品名称：《_____》。

（2）写一段简短的话,向同学们介绍这位令你感动的英雄人物。要求像"颁奖词"一样简洁流畅,既能概述其主要事迹,又能反映人物的性格。

析：11—12题,在回答形式上作了严格的规定；在考查内容上做了具体的要求。第11题,要根据名著的内容,用对联的形式来回答,既要符合对联的格式,在内容上又要是名著中的人物和事件。第12题,难度相对较大,人物好选,但在答题语言的要求上比较高,要能罗列相关人物的故事,从这些故事中提炼人物的品质,再仿照例句进行仿写,综合考查了语文能力。

针对当前中考中名著考查题型变化的趋向,在初中阶段如何指导学生阅读名著,成了初中语文教师名著教学的重点。

(四)如何引导学生阅读名著

笔者认为,教师可以从以下几个方面进行引导。

1. 引导学生有计划地阅读名著,培养学生独立的阅读能力

在小学阶段,大多数学生只是从影视作品中零星地了解到部分名著内容,并没有真正阅读名著的文本。进入中学后,教师应帮助学生对照课程标准制订名著阅读计划。从初一起,教师就要开出初中阶段学生名著阅读书单,并和学生一起制订阅读计划。《义务教育语文课程标准(2011 年版)》对初中学生做了明确的名著阅读建议,各类版本的教材在相应的单元里也做了名著推荐阅读的提示。鲁迅的《朝花夕拾》、冰心的《繁星·春水》、吴承恩的《西游记》、施耐庵的《水浒传》、老舍的《骆驼祥子》、笛福的《鲁滨孙漂流记》、斯威夫特的《格列佛游记》、高尔基的《童年》、罗曼·罗兰的《名人传》、奥斯特洛夫斯基的《钢铁是怎样炼成的》等都在《义务教育语文课程标准(2011 年版)》的建议之列。教师可以按照学期,结合教材要求,明确学生每一阶段阅读的内容,让每一个学生列出名著阅读计划并付诸实施,同时成立名著阅读督查小组,由家长、老师、同学组成,对各个学生名著阅读的进度和阅读效果进行检查,防止少数学生只有计划,没有行动,督促学生独立地阅读名著。

2. 引导学生选择有效的阅读方法,把握住名著的主题和内容,把名著读懂

目前,由于"快餐"文化的冲击,学生对名著的兴趣不是很大,可以这样说,中学生离名著越来越远。其原因有三:一是没时间读,当今中学生的课余时间大多被作业填满,升学的压力使学生舍弃了对升学考试没有明显作用的名著,而选择了对升学考试有明显作用的数理化练习;二是读不懂,读不懂是因为文字理解有障碍,本土文学中的古代经典,文字深奥,外国文学中的文学翻译不如本土文学通畅,人物名字又太长,对中学生来说,难免产生"文字恐惧症",影响阅读兴趣,与其读看不懂的,不如读国内一些青春作家的作品,因为他们的作品话语平白浅显,不会引起阅读障碍;三是主题无法准确把握,具有跨越时空的永久魅力的名著,中学生觉得离现实生活太遥远,又因其博大精深,如果没人导读,中学生有可能一时难以马上领悟主题,读不懂导致没自信阅读。

因此,应对学生阅读名著做引导,不是放任自流地让学生去读。一是兴趣引导。可以通过名著影视的精彩片段来激发学生的阅读兴趣,但决不能全放影视作品,让学生对影视作品形成依赖。比如引导学生看《水浒传》,可以先让学生看"大闹五台山""倒拔垂杨柳""风雪山神庙"等《水浒传》影视中的片段,看了几集后,学生对《水浒传》产生了兴趣,就自然而然地拿起《水浒传》原著来看。其他名著也是相同的道理。

二是做摘记以积累。"不动笔墨不读书",为促使学生读有所得,打扎实文学基础,要布置给学生每读一部名著都必须做好读书摘记的任务。如将名著中的优美词语、对联、古诗词等适当摘抄下来以做积累,以防忘记,还可以为写作积累词汇等,如读《水浒传》,可以提醒学生摘抄七十一回中的"英雄座次表",并督促他们适当记忆,这样学生对一百零八将中的主要人物的绰号可以做到了如指掌。另外还可以告诉学生,其实目录也可摘抄,因为我国古典名著,特别是章回体小说的目录是关于各章节事件的高度概括,摘抄下来可以减少学生的记忆量;回目清楚了,再来看正文就能提纲挈领,阅读起来能达到事半功倍的效果。阅读速度的提高节省了阅读的时间,并能一扫因阅读时间过长而厌烦的情绪。

三是引导学生抓住名著阅读的纽带,对名著的关键部分进行适当的记忆。如名著的楔子、开篇词和重要诗词,很多的考查是以名著的开篇词或重要诗词为引子的。《红楼梦》的楔子与《西游记》的楔子很相似,如没有专门记忆,就会混淆。再如,要记住名著中的主要情节、回目和梗概。如《三国演义》中的"煮酒论英雄""三顾茅庐""舌战群儒""七擒孟获""大意失荆州""桃园三结义""草船借箭""刮骨疗毒""三气周瑜"等;《水浒传》中的"林教头风雪山神庙"

"花和尚倒拔垂杨柳""三打祝家庄""武松打虎""智取生辰纲"等；《西游记》中的"大闹天宫""大闹五庄观""真假美猴王""三打白骨精""三借芭蕉扇"等。针对这些妇孺皆知的故事情节，阅读时要予以重点掌握，对相关人物也要能对号入座，切勿张冠李戴。

四是记住名著中人物的性格、字、绰号和典型语言。阅读名著要多关注人物、品味人物、评析人物，抓住人物就抓住了名著的关键。阅读时要在笔记本上列出其中的英雄人物或主要人物，并概括出各自的性格特点。如《三国演义》中的刘备诚信重诺、宽仁爱民的明君形象；曹操奸险机诈、残暴害民的奸雄形象；诸葛亮作为智慧化身的贤相形象；关羽作为封建英雄的忠义形象；张飞疾恶如仇、粗豪爽直的性格等。《水浒传》中宋江（及时雨）多谋善断，既有反抗性，又有妥协性；鲁智深（花和尚）是正直无畏、见义勇为的豪侠；林冲（豹子头）被逼上梁山前逆来顺受、委曲求全，其后变得精明果敢、凶狠泼辣；武松（行者）是力、勇和正义的象征；李逵（黑旋风）淳朴、粗鲁，富有反抗性和同情心等。再如《西游记》中孙悟空叛逆者和反抗者的形象；猪八戒憨厚淳朴、贪吃好睡、滑稽荒唐的形象；唐僧善良虔诚的苦行僧形象。当然这些重点人物的性格还要能与其精彩故事挂钩，并熟悉其典型语言。如要能回答出：宋江在"菊花会"上作了《满江红》一词，由乐和来唱，当唱到"望天王降诏早招安"时，谁便睁圆双眼，大叫道："招安，招安，招甚鸟安？"（答案：李逵）。

五是开展名著阅读交流活动。学生在阅读名著时，很有可能会半途而废，这是因为这部分内容学生看的时间长了，有点腻。这时，教师应适时组织名著阅读交流会，让学生对已读过的内容进行交流，在交流中，学生还可以说出自己在读的过程中产生的情感。

同时,通过交流会,可以让学生产生名著阅读的竞争欲望,会激起学生读完名著的积极性,因为他们都想在下次交流会时能提前知道他人所讲的内容,并能让自己讲到别人还没读过的地方。

3. 引导学生在名著阅读时,要提醒学生特别重视阅读过程中产生的个人情感和体验

阅读文学作品时,是以"我"(读者)之心去会"他"(作者、主人公)之意,要读出"我"的感受、"我"的理解。具体地说,是要求学生在阅读名著时不仅要摘记和记忆,更要生发"感"的内容,学会撰写名著读后感。写名著读后感,关键是要找"感"点。名著中的"感点"很多,可以是人物的性格,可以是人物的语言,可以是人物的命运等。写名著读后感,可以在读完整本书之后,但我们更提倡边读边写,在阅读过程中不断地去寻找"感点",不断地去与名著中的一人一事、一草一木进行对话。成功的名著读后感不在于你写了多少文字,而在于作者的观点、人物的情感、作品的言语形式是否深入你的肉体、血液、心灵。而要达到这样的境界,就要提醒学生,对名著的阅读是一个不断阅读、不断深入的过程,名著会常读常新。

15.

情理作文：写作要"情不自禁"

"情不自禁"这个成语，大家在小学就学过，也会用来造句，但我还是搜索了一下对这个成语的解释：情不自禁，意思是抑制不住自己的情感。成语出自南朝梁刘遵《七夕穿针》诗："步月如有意，情来不自禁。"例句有《红楼梦》第十五回："宝玉情不自禁，然身在车上，只得眼角留情而已。"第八十七回："惜春尚未答言，宝玉在旁情不自禁，哈哈一笑。"

再查一下"写作"：写作是人运用语言文字符号以记述的方式反映事物、表达思想感情、传递知识信息、实现交流沟通的创造性脑力劳动的过程。

而语文课程意义上的写作，是学生在教师指导下按照特定要求用书面语言创造文本，以发展和提高自身写作能力的学习活动。简单来说，写作是生活中与人沟通、交流、分享信息的一种方式，就像我们平常说话一样，写作是用笔来说话。

从写作是一种沟通、交流、分享的方式这个意义上讲，写作是一件情不自禁的事。而在现实的语文教学中，学生是怕写作的。其根本原因是学生把写作当成老师布置的任务，是在被动地完成，完全不在情不自禁的状态。

写作怎么才能做到情不自禁呢？关键在于一个"情"字。

（一）"情"有哪些

"情"是什么？金朝元好问《摸鱼儿·雁丘词》中一句"问世间，情是何物，直教生死相许?"让"情"显得扑朔迷离。而对于学生来说，由情首先想到的就是"亲情、友情、爱情"，而事实上这是对"情"的比较肤浅的理解。《人类情感：社会学的理论》是这样对"情"进行论述的：人类是地球上最具情感的动物。人类的认知、行为及社会组织的任何一个方面几乎都受到情感驱动。在人际互动和群体中，情感是隐藏在对他人的社会承诺背后的力量。不仅如此，情感也是决定社会结构形成的力量，但同时，情感有时也是摧毁社会结构和变革社会文化的集体活动的动力来源。《礼记·礼运》里把情感分为喜、怒、哀、惧、爱、恶、欲七类，《声无哀乐论》里把情感分为喜、怒、哀、乐、爱、憎、惭、惧八类。所以说，情感是什么？情感是喜欢、愤怒、悲伤、欢乐、热爱、憎恶、惭愧、恐惧。如果从对己和对物上来讲，对己的感情有自负与谦逊、自爱与自悯、自尊与自卑、快慰与惭愧、得意与自悲；对物有爱慕与憎恨、喜悦与悲哀、珍惜与愤恨、尊敬与蔑视、满意与失望、信任与疑惑、镇定与恐惧、松弛与紧张、宽恕与嫉妒。如果我们这样深刻地认识"情"，理解"情"，我们写作的"情"不就层出不穷了吗？

（二）"情"从哪里来

一切景语皆情语。王国维先生在他的《人间词话》里写道："昔人论诗词，有景语、情语之别，不知一切景语皆情语也。"品味这句话的含意,不外乎两点:一是一切环境描写的文字都是作者表情寄意的载体,都必须为文章所要表达的情感服务;二是一切景物又必然引起作者情感波动,进而付诸文字,形成景语。景与情,情与景,二者相辅相成,不可分离。日月星辰,风雨雷电,山林丘壑,江湖河海,花草树木,虫鱼鸟兽,亭台楼阁,无不在文人的笔下顿生情愫。一个百草园,是鲁迅先生童年的乐园:碧绿的菜畦,光滑的石井栏,高大的皂荚树,紫红的桑葚,肥胖的黄蜂,轻捷的叫天子,还有鸣蝉在树叶里长吟,油蛉在这里低唱,蟋蟀们在这里弹琴,甚至一只"放屁虫"都可以有用手指按住它的脊梁,便会啪的一声,从后窍喷出一阵烟雾的画面,百草园的景生发先生的情,使他抑制不住欢喜之情。所以多年后,鲁迅先生拿起笔来回忆童年生活时,便会不由自主地用文字来表达他童年的美好记忆。"最妙的是下点小雪呀",这是老舍先生对济南冬天的情。"看吧,山上的矮松越发的青黑,树尖上顶着一髻儿白花,好像日本看护妇。山尖全白了,给蓝天镶上一道银边。山坡上,有的地方雪厚点儿,有的地方草色还露着;这样,一道儿白,一道儿暗黄,给山们穿上一件带水纹的花衣;看着看着,这件花衣好像被风儿吹动,叫你希望看见一点更美的山的肌肤。等到快日落的时候,微黄的阳光斜射在山腰上,那点薄雪好像忽然害了羞,微微露出点粉色。就是下小雪吧,济南是受不住大雪的,那些小山太秀气。"在老舍先生的笔下,济南的小雪,就是他心爱的女儿,疼不够,爱不够,真是"捧在手里怕摔了,含在嘴里怕化了"。所以,"情"从哪里来?"情"从世界万物中来。

社会是一本打开的语文书。前面说过,人类的认知、行为及社会组织的任何一个方面几乎都受到情感驱动。在人际互动和群体中,情感是隐藏在对他人的社会承诺背后的力量。在我们自己做的事、他人做的事中，我们或是参与者，或是旁观者，但我们会从中生发情绪，我们会根据自身的价值判断，或赞美，或批判，或喜悦，或厌恶，或激动，或愤慨……这些都是"情"。当情不能自禁时，或变成话语说出来，或变成文字写出来。小到别人一个眼神，让你怦然心动，大到像庚子年初的疫情，让你感慨万千。当情不能自已时，写作的欲望就来了。"这是我的叔叔，父亲的弟弟，我的亲叔叔"，莫泊桑一定是生活在一个世态炎凉的社会里才会创作《我的叔叔于勒》来感慨亲情在当时社会背景下的扭曲。朱自清先生的《背影》，是父子间发生一些不愉快的事又多年不相见而让"我"想起父亲，想起父亲对"我"的好，就自然而然会内省、想念，情不自禁写出文章。所以，"情"从哪里来"情"从社会生活中来。

认识自我，才能做最好的自己。法国思想家帕斯卡尔有一句名言："人是一支有思想的芦苇。"人与动物最大的区别是人能反思自己，认识自我。哲学有三问：我是谁？我从哪里来？我到哪里去？说的就是人的自省。每一个人都有自己的想法，无论你嘴上说了什么，你内心的声音只有你自己知道。人快乐了会满足，悲伤了会难过，人会自负也会自卑，会得意也会自悲，会镇定也会恐惧，会骄傲也会惭愧……这些都是人自发生成的"情"，"写自己"是写作永恒的素材。贾平凹的《一棵小桃树》，哪是在写小桃树呀，就是在写他自己："它长得很慢，一个春天，长上二尺来高，样子也极猥琐。但我却十分地高兴了：它是我的，它是我的梦种儿长的。我想我的姐姐弟弟，或许已经早忘却了，他们那含着桃核做下的梦，但我的桃树却使我每天能看见它。我说，我的梦是绿色的，将来开了花，我会幸福呢。"宗璞的《紫藤萝瀑布》，也不是在写紫藤萝，也是在写自己："过了这么多年，藤萝又开花了，而且开得这样盛，这样密,紫色的瀑布遮住了粗壮的盘虬卧龙般的枝干,不断地流着,流着,流向人的心底。花和人都会遇到各种各样的不幸,但是生命的长河是无止境的。我抚摸了一下那小小的紫色的花舱,那里满装生命的酒酿,它张满了帆,在这闪光的花的河流上航行。它是万花中的一朵,也正是一朵一朵花,组成了万花灿烂的流动的瀑布。在这浅紫色的光辉和浅紫色的芳香中,我不觉加快了脚步。"所以,"情"从哪里来,情从认识自我来。

(三)怎么写出"情"来

1. 写尽物性,情自会来

常言道"懂她才能爱她"。对于世间万物,唯有懂它,才能写它。老舍先生在《骆驼祥子》里写烈日:"一出来,才晓得自己的错误。天上那层灰气已散,不甚憋闷了,可是阳光也更厉害了许多:没人敢抬头看太阳在哪里,只觉得到处都闪眼,空中,屋顶上,墙壁上,地上,都白亮亮的,白里透着点红;由上至下整个的像一面极大的火镜,每一条光都像火镜的焦点,晒得东西要发火。在这个白光里,每一个颜色都刺目,每一个声响都难听,每一种气味都含混着由地上蒸发出来的腥臭。"如果没有在夏天的太阳下待过,怎么会写出"没有敢抬头看太阳在哪里,只觉得到处都闪眼"? 如果没有在夏天的太阳下走过,怎么会写出"每一个声响都难听,每一种气味都掺和着地上蒸发出来的腥臭"? 这就告诉我们,要先懂它,才能写它,写尽物性,情自会来。

2. 写好细节,情自会来

有同学这样写奶奶照顾生病中的爷爷:"奶奶用勺子搅了一下塑料碗里的小米粥,小心翼翼地尝过热度之后,舀了一小勺送到爷爷的嘴边……看着看着,我的眼睛竟然湿润了。"这里的细节描写让我们仿佛看到了一幅感人的画面,感动之情自然就来了。

笔者结合教学实践总结了写好细节的八个方法。

方法一:从整体写到局部,局部精雕细琢。比如"张小明很生气地看着我。那眼神……",要对眼神进行细节描写。

方法二:从概述写到具体,举例具体表达。比如"爸爸遇事总是不慌不忙。记得有一次……",要能举出具体发生的事来叙述。

方法三:从平叙写到修辞,让表达生动形象。比如"我紧张得起来了,就好像……",要能用恰当的修辞来表达。

方法四:从自身写到他身,侧面进行烘托。比如"他大叫起来,旁边的狗吓得退了几步……",要能从侧面进行进一步的描述。

方法五:抓住神态写变化。

方法六:抓住动作写过程。

方法七:抓住语言写对话。

方法八:抓住心理写猜想。

把细节写好了,情自会来。

3. 写出人性,情自会来

人有人性,人性就表现在勤劳、善良、节俭、热情、有爱心、助人、细致、认真、诚实、正义、勇敢、慷慨、谦虚、理智、坚毅、刚强、果断、有恒心、坦诚、直爽、乐观、感恩、宽容、有责任心、有同情心、有怜悯之心、宽宏大度、爱憎分明、敢于担当、为他人着想、尊重他人、坚韧不屈、懂得报恩等方面。但同时人性也有弱点,表现在贪婪、爱慕虚荣、好高骛远、心胸狭窄、过分自信、自大……当我们用文字把这些人性写出来的时候,我们就会有自身的价值判断,就会带着自身的情愫。奥地利作家茨威格在《伟大的悲剧》里写道:"挪威国旗耀武扬威、扬扬得意地在这被人类冲破的堡垒上猎猎作响。它的占领者还在这里留下一封信,等待着这个不相识的第二名的到来,他相信这第二名一定会随他之后到达这里,所以他请他把那封信带给挪威的哈康国王。斯科特接受了这项任务,他要忠实地去履行这一最冷酷无情的职责:在世界面前为另一个人完成的业绩做证,而这一事业正是他自己所热烈追求的。"每当读到此处,我就会为斯科特身上所表现出来的理智和忠诚而感动。

季羡林先生曾经说过:"水喝多了,自然会要尿尿。"这话表面上有点糙,但道理还是有的。写作不是作业,我们读过的课文,没有一篇是作者写的作业,都是作者在生活中对世界、对自己情不自禁的表达。所以,我们写作要情不自禁,才能写出真实的文章,也才符合新课程标准对作文提出的"感情真挚"的要求。

16.
作文要写出"理"来

"理",字从玉,从里。"里"指"里边""内部"。"玉"和"里"联合起来表示"玉石内部的纹路"。理的本义是指玉石内部的纹路,引申义为顺着玉石内部的纹路切割玉石,当变为动词,可引申为顺着事物的内部道理做事,顺势而为。所以我们理解"理"一般会这样表达:理,指物质本身的纹路、层次,客观事物本身的次序;也指事物的规律,是非得失的标准。《韩非子·解老》这么说"理":理者,成物之文也。长短大小、方圆坚脆、轻重白黑谓理。

从写作的角度看,"理"就是作文结构的"脉理""文理",内容表达的"事理""哲理",写作思维的"理性""理趣"。

(一)作文结构的"理"

"结构"一词,原是建筑学上的一个概念,指的是建筑物的内部构造和整体布局。汉代王延寿《鲁灵光殿赋》里有"于是详察其栋宇,观其结构",唐朝姚合《题凤翔西郭新亭》诗中说"结构方殊绝,高低更合宜",清代黄钧宰《金壶浪墨·起蛟》中有"金陵陈氏园,结构玲珑,规模略小",朱自清先生在《欧游杂记·威尼斯》里也有这样的文字,"这是很巧的结构,加上那艳而雅的颜色,令人有惝恍迷离之感"。后来"结构"常指诗文书画等各部分的搭配和排列。我们把写作比作"造房子",就是讲的"结构"。

结构是讲"理"的。这种"理",是文章的材料组织的"脉理""文理",就是逻辑结构。我们写作,常常有三种逻辑结构:时空逻辑结构、情感逻辑结构和事理逻辑结构。所谓"时空逻辑结构",即按照时间推移或空间变换等逻辑线索来组织文章材料的结构方式;所谓"情感逻辑结构",即按照心理感受、心理活动、情感变化、态度转变等逻辑线索来组织文章材料的结构方式;所谓"事理逻辑结构",即按照对比、平列、渐进、因果、转折、假设等逻辑线索来组织文章材料的结构方式。一般而言,"时空逻辑结构"和"情感逻辑结构"更适合记叙抒情类的文章写作,而"事理逻辑结构"更适合议论类的文章写作。各种结构方式不是严格独立的,有时也可以穿插综合使用。

(二)内容表达的"理"

"文以载道"出自宋周敦颐《通书·文辞》中的"文所以载道也。轮辕饰而人弗庸,徒饰也,况虚车乎"。"文以载道"的意思是说"文"像车,"道"像车上所载之货物,通过车的运载,可以到达目的地。我们狭义地从作文的角度来理解的话,就是我们写文章的目的是表达"理",这里的"理"就是事理、哲理,是对世界的认识,可以教会人们做人的道理并帮助人们树立正确人生观、世界观及价值观。

中学阶段是人类的个体生命全程中一个比较特殊的阶段,这一阶段,学生的身心状态发生巨大的变化,自我意识觉醒,内心世界得到自我发现,独立精神逐步加强,世界观、人生观开始逐渐形成,并且期待成为生活中主动的探索者、发现者与选择者。特别是到了高中阶段,他们以批判的眼光来看待周围的事物,有独到见解,喜欢质疑和争论,更倾心于认识自己的社会价值,独立地评价自己和别人。他们的这些变化和想法,除了聊天之外,最多的还是通过写作来表达,文字只是载体,道才是根本。

(三)写作思维的"理"

心理学上认为,思维过程通常是从需要解决某个问题开始的。当拿起笔来准备写作时,其实就是想解决某个问题,这样思维就产生了。因为在确定主题、选择素材、思考结构时,会分析和综合、比较和分类、抽象和概括,这就是思维。

《普通高中语文课程标准(实验稿)》对写作思维的训练提出了明确的要求,认为写作是运用语言文字进行书面表达和交流的重要方式,是认识世界、认识自我、进行创造性表达的过程,写作教学应着重培养学生的观察能力、想象能力和表达能力,重视发展学生的思维能力,发展创造性思维。所以,写作思维的"理",在于"理性"和"理趣"。"理性"就在于对客观世界和主观世界的观察能力、想象能力和表达能力;"理趣"在于学会创造性思维。

(四)作文怎么写出"理"来呢?

1. 在看中悟理

世界万物,无不蕴藏着"理"。日月星辰的永恒,花草树木的代谢,虫鱼鸟兽的生死,都是自然之"理";人间万象,更是"理"在其中,衣食住行,生老病死,喜、怒、哀、乐、爱、憎、惭、惧,都会有"理"。看,就是观察,我们在观察中去思考,才能悟出其中的"理"。曹操

"东临碣石，以观沧海"，看到"水何澹澹，山岛竦峙。树木丛生，百草丰茂。秋风萧瑟，洪波涌起"，才会发出"日月之行，若出其中；星汉灿烂，若出其里"的感慨。大自然蕴含着丰富的人生哲理，只要用心体会，就能让我们对生命有更深一层的认识。

我们看一只蚂蚁找到食物要搬运时，由于食物的体积太大，自己无法搬运，它便立即回巢，通知伙伴，大家团结起来，就成功了。我们也是一样，如果不能团结，像一盘散沙一样，就一点力量都没有；如果能合作，在为人处世上就能屹立不动。我们看仙人掌生活在沙漠地区，那里酷热无比，还有许多恶毒的猛兽，处境十分危险。但是仙人掌生活在那里许久，却没有绝种，这是因为它为了适应险恶的环境，长出了尖锐的刺，使动物们无可奈何。这似乎告诉我们，必须克服困难，外在艰苦的环境，要靠自己坚强的毅力去适应。我们看蜜蜂在花丛中忙碌穿梭，那是教我们勤劳。夜来香绽放了，又萎谢了，若是说落花残叶代表着一个个绚丽的生命，那么，它们实在太短促了，花蕾初生的光彩转眼间化为死寂的干枯。蝶儿在夏季热闹以后，也会僵死在花儿的冷香里。虽然它们的生命是短暂的，但它们在有限的时间里写下最美好的历史，这就是大自然告诉我们的人生哲理。我们观察人性，就会看到，人有勤劳、善良、节俭、热情、爱心、助人、细致、认真、诚实、正义、勇敢、慷慨、谦虚、理智、坚毅、刚强、果断、恒心、坦诚、直爽、乐观、感恩、宽容、有责任心、有同情心、有怜悯之心、宽宏大度、爱憎分明、敢于担当、为他人着想、尊重他人、坚韧不屈、懂得报恩等人性的优点。但同时也有人性的弱点，表现在贪婪、爱慕虚荣、好高骛远、心胸狭窄、过分自信、自大等方面。当我们在观察中这样去思考人性、思考人生时，就是在悟理了。

2. 在情中悟理

别林斯基说："思想消融在情感里，而情感也消融在思想里。"情理是交融的。在情中悟理，努力把文章的"情"写出来，"理"自然就有了。写尽物性，情自来。常言道"懂她才能爱她"。对于世间万物，唯有懂它，才能写它。[①]

3. 在写中叹理

学生写作文，虽然心中有"理"，但却不知从何处落笔。要把"理"写出来，要学会"叹"理。"叹"就是感慨，在记叙了某个事件后，在描述了某个场面后，在心中要会长"叹"一声。一"叹"，"叹"什么呢？"叹"自然规律，"叹"方式方法，"叹"人生人性，"叹"社会趋势，"叹"理想未来，这样一"叹"，理就自然而然出来了。如一小作者在记述飞虫在困境中顽强挣扎最后重获生命时，一声长"叹"，发出感慨："我忽然意识到：生命中会有太多的遗憾，但人要学会坚强，学会长大，对于困苦和迷惘，我们应该微笑面对。我相信，成功是通过一步步努力得到的！只要努力过，即使失败又有何妨——蓦地，那一刻，我的世界春暖花开，洒满阳光。"在表达"理"的时候，我们要借力。向谁借力呢？向名家借力，向名句借力。这时，我们可以运用名人名言来讲"理"。如有学生在记述了社会上有人为名为利失去尊严、人格的事件后，就可以借司马迁在《史记·货殖列传》中的"天下熙熙，皆为利来，天下攘攘，皆为利往"来表达自己的看法。

作文要写出"理"来，当然不是一蹴而就的，更不是掌握一种写作技术就能写出来的。这需要我们引导学生平日多阅读、多思考，学生才能写出有"理"的文章来。

---

① 该部分相关论述详见本书第 91 页"怎么写出'情'来"一节。

17.

情理作文：让作文生活像烹调一样过得有滋味

（一）设想

我上学时的作文课大致是这样的：课前课代表到老师办公室把作文本领回教室，由小组长分发到同学们的课桌上，这时总归会有三五个同学拿不到自己作文本的。上课时老师会夹着这几个同学的作文本踱进教室说，上一次作文这几个同学写得不错，老师来读一下，有时也让学生自己读。作文被读到的同学自然是一番得意，从老师手中接过刚被读完的作文本，一副很成功的样子，没被读到的也不怎么羡慕，甚至有时会有人在下面小声嘀咕：抄的，抄的……遇到这样的情况，老师一般不会理会，因为真的当场确认是抄的，老师会没面子，我们会认为老师平时看《优秀作文选》看得少，要看得多，怎么可能看不出是抄的呢？老师会继续读着作文，读完之后小结一下，就要开始出示本次作文的题目，接着对本次作文题目进行一番"审题"，诸如写"我的同桌"，老师会提醒只能写"我的"不能写其他人的，只能写"同桌"不能写其他人，接着便是我们自己写的时间。作文课是两节课连着排的，老师说的时间一般只占半节课,还有一节半课的时间是我们自己写。这段写的时间对于我这般没啥"见识"的人是最难的,抓耳挠腮,愁眉苦脸,每写一点,都要反复数一下字数,一定要达到 500 字才能完成任务。大多数人能在这段时间里写完,少数同学还要带回家写。

这样的作文课几乎伴随着我的全部上学过程,后来我也做了语文老师,作文课也几乎按着这样的模式进行着。这就不难理解学生为什么会那么不喜欢写作文,作文生活为什么会过得如此乏味。

一次自己在家烹调菜肴的经历,让我产生了作文教学的改革思路。双休日,妻子不在家。在儿子要吃的菜确定好了后,我便提着篮子到市场上去购买原料。我围绕着市场转了几圈,进行了认真的市场观察,在市场观察中,我在思考,选择什么样的原料才能让我要做的菜肴更有特色、口味更好。然后我就开始根据要做的菜肴的需要进行采购,并分类放在篮子里。回家后,和儿子商量了要做的菜肴的口味,就开始加工切配,肉切成什么形状,萝卜切成什么形状,需要多少盐,多少油,要用什么香料等,尽可能细化,万事俱备,就等下锅了。启灶,闷油,下料……一切很顺利,不一会儿,菜做好了。我自己先尝了尝,不错;又让儿子尝了尝,儿子夸奖了,我心里美滋滋的。在和儿子享受了我自己做的这道称得上"美味"的佳肴后,我突然想到,我们的作文教学是不是也可以有这样一个流程呢,如果有这样一个流程,我们的作文生活是不是就可以像烹调一样过得有滋味?

(二)尝试

于是,我便开始了尝试。我和同学们一起确定了"回家"这个

"菜肴"名称,随即要求学生进行"市场观察"。用符号添加法进行思路发散,在"回家"题目上添加一些符号,进行自我发问,把可以想到的填写在下列表格内。

行为对象 (谁?)	时间视野 (什么时候回家?)	空间视野 (回什么地方?)	事情历程 (为什么回家?)	因果关系 (什么原因和结果?)

同学们对着这样的表格,思维十分活跃,发言非常踊跃。在"行为对象"一栏里,大家自我发问:"谁"回家? 答案有爸爸回家、妈妈回家、哥哥回家、小鸟回家、森林回家、台湾回家,甚至还有同学想到了道德回家、情感回家、良心回家等。在"时间视野"一栏,大家自我发问:"什么时候回家?"答案有傍晚时分,是回家的时段,等在外做工的爸妈回家;周末了,别的同学有家长来接回家,我只能独自一个人回家;水体污染,洄游的鱼儿想回家,但不敢回家;在外多年,家乡巨变,"少小离家老大回"等。在"空间视野"一栏里,大家自我发问:"回什么地方?"由此想到家在哪里,家在人住的地方、心住的地方、心灵归属的地方;家有让人温暖的家、让人心寒的家、留下美好印象的家、留下伤痕的家等。在"事情历程"一栏里,大家自我发问:"为什么回家?"答案有爸爸经常在外应酬,不常回家吃饭,盼望爸爸回家和家人一起吃饭;小狗跑出去几个月,还能找到回家的路;春运期间因买不到火车票回不了家;在外没成就,要不要回家等。在"因果关系"一栏里,大家自我发问:"什么原因和结果?"答案有因为战争的破坏,背井离乡,战争结束回到家,已

经是满目疮痍,感慨万千,老泪纵横;因为和父母赌气,离家出走,经受窘迫,想到家的温暖,最后还是回到家;因为夫妻吵架,一气之下,回到娘家,经反思自省和家人的劝说,最后还是回到自己的新家,建设新家庭等。

在同学们充分进行这样的"市场观察"后,要求大家进行"按需购料"。在自己的"市场观察"表格里,用线把自己确定的写作路径连起来,写"谁""什么时候""什么地方""什么事情""什么原因和结果",自己的作文准备走怎样的路径,就怎么连。

在大家确定了自己的作文路径后,要求大家进行"口感定位"。我给了大家一个范式:想写。同学经过思考后,有的说:我想写爸爸经常在外应酬不回家吃饭这个事,来表达作为一个爸爸要做到陪自己的妻子和子女,尽一个父亲的责任,为小家;作为一个国家干部要廉洁自律,洁身自好,树立国家干部的形象,为大家。有的说:我想写门前小河的污染,因为污染都看不到最喜欢看的小鱼游来游去,失去了童年的快乐,来表达希望附近的工厂不要排放污水、不要污染环境,地球是人和动物共同的家园的思想。有的说:我想改写杜甫的《春望》,用杜甫的感受来表达对和平的向往、对战争的厌恶等。

同学们确定了文章的主题之后,便要求大家进行"加工切配",在下面的表格里填上自己思考到的与确定的路径、口味相关的景象、人物、语言、动作、表情、心理等细节描写,让表达丰满起来。

细节描写表

一下子,大家就动起脑筋来,不一会儿,很多同学就填得很丰满了。有的说,我要写一段景物描写,写傍晚时分,我和妈妈在村头等远在外地打工的哥哥回家时,天色渐渐暗下来的那段情景;有的说,我要写一段人物外貌描写,写我在大街上看到了一个风烛残年的老人有家不能回,在向行人行乞,我要好好描写那个老人的样子;有的说,我要写一段心理描写,写一个在外打工没有挣到钱的小伙子在走近家门时那种犹豫、矛盾、难过的心理;有的说,我要写一段表情描写,写飞出去觅食的鸟儿再飞回来时找不到自己的窝,发现鸟窝被淘气的孩子破坏了时鸟儿愤怒的表情,真是愤怒的小鸟!

时机成熟,便要求同学们进行"先烹后调",自己写作,写好后自己再进行修改。以下是从同学的作文中摘录的几个精彩片段:

何同学的《星灯点亮我回家的路》摘录:

> "星"通"心",是谐音,其意也好懂,但意义却有天壤之别。
>
> 又一阶段的数学测验成绩出来了,望着不尽如人意的分数,心中的无奈、伤感不觉而升。老师上课,我头也不敢抬,只听见他滔滔不绝的演讲,心中的不悦抹杀了以往我上课的激情,心停滞了,屏住呼吸,除了老师的讲课声外,也隐隐约约听到同学们沾沾自喜或叹惋的声音。
>
> 下晚自习后,独自一个人走在回家的路上,耳畔只回响着老师那句:"你要再被我警告,你数学也就完了。"郁闷的心情更加无法释放。
>
> 夏夜的晚风习习,扰乱了我的思绪,天上的星星在眨

着眼睛,好像在讥笑我的无能。

不禁停住脚步,一片灰暗的、灰黄的光亮在远处闪动,好飘逸,好灵动!为了满足好奇心,我走过去,原来是一群可爱的萤火虫,正在夏夜的晚风中翩翩起舞,它们好像在开展一场时尚 party show,各自比着美。渐渐地,我的眼前朦胧了,一大片的光亮缓缓地向上飘移,慢慢地,慢慢地,升到了那辽阔的夜空,点缀着星空,点亮了星灯。

它们好像是在帮我照亮回家的路,刚才那几点星星的光辉,现在变得好亮,我好像看到黎明,看到力量,看到希望。

严同学的《蒲公英的家在天空》摘录:

风儿是它的使者,天空则是它的家。它的梦就是回到天空,回到属于自己的家园,在广阔的家园里,摇出洁白身姿。

当它静静沉睡在地下时,心里就开始萌动,周围的黑暗已不会引起它的恐惧,因为心中有梦。它挣扎着,这是一条通往太阳的无沿的路。在春雨的滋润下、雷声的鼓励下,它终于挺身而出,选择了阳光,它的梦已在悄悄萌芽。

蒲公英渐渐成长,它生长在小小的边角,命运的坎坷又一次给了它冲刺梦想的动力,为了梦想,它将要忍受一切折磨,经受一切挑战,它知道只要自己变成洁白,那一刻,就是它实现梦想回家的时候。

狂风来了,肆虐的狂风不顾一切地吹向墙边娇小的蒲公英,它依然挺着柔韧的身体;暴雨来了,大雨滴落在它瘦小的叶片上,叶子已受不了这种打击,可蒲公英依然抬着它那不曾低下的头。一株小小的蒲公英竟然如此坚强,它的梦就在前方那天空,那是属于它自己的家园。

它睁开了惺忪的睡眼,抖了抖疲惫的身子,迎接灿烂的一天,洁白的云在那辽阔的天空中飘浮着,此时,它惊喜地发现自己也有了洁白的身体,它成熟了,它的梦就要实现了,它静静等候着风的到来,等待辉煌的那一刻。

风儿终于来了,它毫不犹豫地抓住风儿的手,风儿掠过屋顶,吹来阵阵温馨,蒲公英舞动着洁白的身姿。谁会想到一株平凡的蒲公英会有如此坚强的意志去迎接一次次考验。

在同学们完成习作之后,我及时地引导大家品尝"个中滋味",让大家写出自己读了自己写的作文后的感受。再请同学们把自己的作文给家里的亲人看,让亲人或老师写写"亲人品评"。

以后的作文课,我和同学们商量好都用这样的"烹调式"作文法上。随即我们整个语文教研组也都这样上作文课。现在,我们都是提前一周印发"烹调式"作文单,在作文课上,大家进行交流,共享各式各样的美味。

附一份初二(5)班张子怡同学做的"烹调式"作文教学单:

"烹调式"作文教学单

菜肴名称:《那一刻,我的世界春暖花开》

市场观察:

行为对象	时间视野	空间视野	事情历程	因果关系
我 父母 爷爷 奶奶 邻居 老师 同学 朋友 陌生人	前几年 小时候 几个月前 咋天 冬天	学校 家里 马路边 郊外 大街上 广场	妈妈给我缝棉鞋	因为我的脚上生冻疮了,所以妈妈亲自帮我做棉鞋

　　按需购料:可以用线在上面的表格中把自己最后确定的路径连起来。

　　口感定位:想写我的脚上生冻疮了,妈妈帮我缝制棉鞋的故事,来表达我的心感到温暖无比。

　　加工切配:在下面的表格内填上自己回忆和思考到的与确定的路径、品味相关的景象、人物、语言、动作、表情、心理等细节资料,要求简单勾画出来,尽可能填满。

裹着大地的雨已经下了好几天,弄堂里看到的灰色天空,死气沉沉,心情不由得差了起来。	我没好气地踢开了脚边的石头,谁知这却让我疼得龇起了牙。方才想起冬天来了,我的脚又生了冻疮。	夜晚,我还在挑灯苦读,不知疲倦的妈妈双手还在忙活。灯光有些暗淡,我不由得说道:"妈,早些睡吧,别把眼睛弄坏了。"
她对着双手哈了口气,说:"冬天不是快来了吗,我心想着用剩下的旧棉布帮你做双棉鞋,你脚上的冻疮能好些。"	妈妈左手紧紧攥着鞋底,眯着眼,右手挑针使劲地穿过鞋底,刚做完这个步骤,右手又急忙拉扯着线向上提,好久才帮我做好了一双棉鞋。	墙上,妈妈驼着背的影子,在昏黄的灯光下显得如此高大,如此温暖,以至于我的全身都涌上了一股暖流。那一刻,我的世界春暖花开。

　　先烹再调(尝试作文):另附纸。

　　个中滋味:

> 这件小事一直在我心里，看到这个作文题目，我一下子想到了这件事，要把这件简单的事情写好，要描写详细，写出心理感受。在写作过程中，我回忆当时的点点滴滴，又一次感受到了那时的温暖，妈妈的爱像春风般和煦，妈妈的爱像花儿般美好。

亲人品评：

> 妈妈在寒冬做的一双棉鞋，温暖了小作者的脚，也温暖了读者的心。本文对母亲的叙述详细具体，细节描写生动逼真，人物形象丰满，跃然纸上。结尾处对人物的赞美也是情真意切，感人至深。

(三)思考

1. 给写作一点时间，让写作有个过程

逢上作文课，大都是老师带着个题目来，给个把小时的时间，就要学生写出东西来，学生难免不抓耳挠腮，不愁眉苦脸的。给写作一点时间，让写作有个过程，写作才有意义，也才不会出现部分学生视写作为一种"苦难"的现象。"烹调式"作文教学，走过"菜肴名称"—"市场观察"—"按需购料"—"口感定位"—"加工切配"—"先烹再调"—"个中滋味"—"亲人品评"这样一个过程，让写作慢下来，变写作为一种慢的生活，这样的写作才会有滋有味。学生过这样的写作生活，才不会惧怕，才会慢慢地对写作产生兴趣。正如学校语文学科组长司永明老师说的，运用了"烹调式"作文教学法上作文课，几次下来，发觉过去写不了几个字的学生现在也能写满

作文纸了，虽然写得不是那样精彩，但总归这些学生感觉到了写作文不是太难的事情。

2. 写作方法不讲求模式，写作思维应该有个模式

文无定法，说的是写文章没有固定的格式，只要能表情达意就行。但对于"文无定法"的曲意理解，成了部分语文老师指导学生写作时懒怠的理由，只带个题目，任学生自由发挥，致使部分学生无头绪、无抓手，写作时就会大脑一片空白，从而出现了作文抄袭现象，或者是学生过度仿写现象。"烹调式"作文教学，着重于给学生形成写作思维模式，让学生像烹调美味佳肴一样，一步一步地完成写作过程。从"菜肴名称"到"市场观察""按需购料""口感定位""加工切配""先烹再调""个中滋味""亲人品评"，让学生对写作有个清晰的思维过程，每一步学生都会有积极的思维，都会产生单个的思维创新和奇妙的思维火花，在最终作文的形成中，就会出现一些优秀的思路和思想情感表达。

18.

情理作文：用"朗读"来评改作文

　　学生写作文难，教师改作文烦，这是当前作文教学中存在的普遍性问题。

　　学生写作文难，难在三点：一是读不懂作文题目的意思，比如"没想到我如此_____"，对于这个题目，很多学生读不懂"没想到"这三字，不知道"没想到"是表达"我本来以为我如何"，但通过一些事情的发生，或者通过一些事情的体验，我表现出了出乎我意料的反应或状况。

　　二是找不到生活中有类似作文题目要求的事例、场景或感受，如"幸福就在我身边"，对日常的生活学生已经熟视无睹，学校家庭两点一线，简单枯燥，突然要谈幸福，至少学生的头脑中不会一下子就有感受，甚至在别人看来的幸福，对于身在其中的学生来说，根本就无所谓，说不上是"幸福"。

　　三是没有行文的路线；文章怎么写，要有一条路径，也就是说要有一条行文的路线，但对于初中生来说，逻辑思维能力还不够强，对于行文的路线，大多数学生是乱的，写作时会出现"猜得到开头，猜不到结尾"这样的思维混乱的状况。如何让文章美起来、深刻起来,对于一个班级来说,只有个别优秀学生能做到,对于绝大多数学生来说,可望而不可即。

教师改作文烦,烦在三点:一是烦学生写不对,作文如数学,要做对才行,但很多学生在做作文时是写不对的。如"回家"这题,得写某人某物从不是家的地方回到是家的地方,有的是没有写出"回",有的是没有写出"家"。教师批阅时,遇到这些没有写对的作文,恨不得打上一个"×",那感受如同数学老师批错误百出的试卷一般。如果面对几十篇都没有写对的作文,教师批着批着就烦了。

二是烦学生写不出新意来。如"成长"这题,学生只能想到考试考不好,反思自己,然后努力,终于考好了,最后冠以"成长"的感叹。还有诸如"做好事"写感动、"同学闹矛盾"写友谊之类的陈词老调,教师批阅时感觉千篇一律,心烦。

三是烦学生作文卷面不美,错字连篇,字体难看,甚至都看不清写了什么。批阅这样的作文,教师也会很烦,没有耐心细看,随便打个分数或等级,既然你马马虎虎,我也就草草了事。

写作文难,改作文烦,这让大多数语文老师嘴上说作文重要,但在实际教学中花在作文上面的时间不是太多。要不是为了完成学校规定的篇数任务,部分老师一学期都不会认真布置学生写几篇文章。这就致使学生怕写、教师怕改,干脆不写,教师不改。久而久之,学生的写作水平达不到要求,有的到了高中,上了大学,还是不会写作文。这种状况在现实中是实际存在的。

当然,当前也有部分教师在尝试进行作文教学的评改实验改革,尝试最多的就是"生生互改",其目的就是"把教师从烦人的批改中解放出来",让学生在互改中提高水平。但大多数这样的改革,前者的目的达到了,教师基本不需要改作文了,但是后者的效益甚微。换句话说,这是"偷懒",教师解放出来了,但学生还是沉在水底,没有上来。笔者也进行过类似的作文评改实践实验,感觉收获不是很大。

偶然的一次作文评改课上,我让一名学生读自己写的作文。该名学生读的时候,吞吞吐吐,声音也不大,读得很不流畅。当然,这文章写得也不尽如人意。

课后,我进行反思,为什么学生读自己写的作文竟然读不起来呢?写的与自己想表达的有差距?写的不是自己真实的感受?自己写得不顺?

突然,我想,何不用一个"读"来评改作文?

于是,我开始尝试。

(一)用"读"来评改作文

1. 让学生读自己写的作文

要求:姿势庄重,声音洪亮,边读边画。学生读的时候,读着读着,声音就小了,不敢读了,很多是因为读不下去了。原因是写得不顺、写得平淡、写得乱等。读着读着,学生自己也感到脸红了,甚至会自我埋怨。在这样的情况下,鼓励学生拿起笔来画。把自己觉得不顺的地方画出来,把自己觉得写得平淡的地方画出来,把自己觉得要换写作路线的地方画出来。在这样的情况下,学生自己想改的欲望就充分表现出来了,很多学生就有补充或重新写的念头。全乐怡同学读自己写的《坐上公交去上学》,当读到"每次坐公交,我都喜欢找最后的位置坐,这样可以打个盹儿"时,她拿起了笔,在旁边写上了"每次坐公交,我都喜欢找最后的位置坐,这样有时可以打个盹儿,有时还可以观看形形色色的人用各种姿态上车,这倒是一道不错的风景"。在后来她修改的文章中,她重点写了在公交车上观察不同类别的人上车的不同姿态来猜想不同的人经历的不同生活,写得很有深度。陈秀文同学在读自己写的《有你,真好》时,读着读着,她就把一段一段都删掉了。她说,写的时候没有觉得,但读的时候就感觉到,她写得太平淡了,她要重写。

2. 让学生读别人写的作文

要求:四人一组,一人读,三人听,大家议。学生读的时候,会有争论,这里应该如何,那里应该如何,这都是在用优秀作文的标准来评改这篇作文。集体的智慧是强大的。有时会把一篇文章改得"面目全非",在替别人改作文的同时,自己也提高了认识。何钰涵同学一组读向叶同学写的《离别中成长》时,给她提出了四点修改意见:开头可以用离别那天的雨景来表达心情;在离别中成长,在离别时大家懂得什么,这个"什么"写得不清楚;写同学相互告别时,少了具体的场景描写;最后的结尾不能让人回味无穷,提议重写结尾。这样的学生评改岂不是比老师批改更好?

3. 让学生集中读三篇班级同学的作文

一篇是写得对又写得美的学生作文,一篇是写得对但写得不美的学生作文,一篇是写得不对当然也写得不美的学生作文。三篇作文都具有典型性,让大家集体来评改,同学们兴致很高,每次都有出乎意料的收获。

对于这样的尝试,我进行归纳,由同学取名字,就叫"朗读式作文评改"。

(二)朗读式作文评改三个要领

1. 一定要大声朗读

只有大声朗读,学生才能知道自己的文章哪里不顺。学生在大声朗读时,要有姿势,坐得正,声音响,很庄重,这样才能读出文章的不足。

2. 一定要拿着笔读

边读边做记号,记下哪些地方是不顺的,哪些地方是需要修正的,哪些地方与文章主题不相吻合的。做了记号,才知道哪些地方需要修改。

3. 一定要有新的思考

通过朗读的方式评改文章,目的是把文章改得更加符合题意、更加突出中心。因此,边读边思考,这里还可以再加点什么,那里还可以换个什么路线来行文。

(三)用"朗读"评改作文的三个注意点

1. 要舍得花时间

不管是读自己的文章,还是读别人的文章,或者是集体读班级提供的文章,都需要一定的时间,要读得慢才有思考。

2. 要探索方法

朗读式作文评改,经过一个阶段的尝试后,要让学生归纳出方法,明白怎么样的行文才能有情景、有情感、合事理,以后写作的时候就会用这样的一种语感来行文,文章一定不会写得太差。

3. 要多阅读

读名著，读美文，读经典，只有在朗读美的文字时才能慢慢知道原来这样的表达才是好的。日积月累，自己就会写了。

学语文，得读，改作文，也得读。"书读百遍其义自见"，作文评改，其道理也是如此。对于学生的作文，用"读"的方法来评改，既能培养学生用语感来写作的习惯，又能让学生明白好作文越读越有精神，差作文自己都读不出来！

19.

情理作文：作文阅卷要做到"三从四德"

中高考中，由于作文占了很大的分值，且对作文的评判带有很大的弹性，作文阅卷每年都会成为社会关注的焦点，中高考作文阅卷老师如何科学公正地评判学生的考试作文，我认为一定要做到"三从四德"。

（一）从"真"

《义务教育语文课程标准（实验稿）》对学生写作的要求中明确指出，写作要感情真挚，力求表达自己对自然、社会、人生的独特感受和真切体验。《普通高中语文课程标准（实验稿）》中也明确指出学生写作要表达真情实感，不说假话、空话、套话，避免为文造情。所以，作为围绕课程标准来命题的中高考作文就是要考查学生是否能表达真情实感，是否能表达对自然、社会、人生的独特感受和真切体验，是否不说假话、空话、套话，是否在为文造情。作为中高考的作文阅卷老师，第一就要能评判所阅的学生考试作文是否"真"。如何理解作文的"真"？曾有阅卷老师痛批中高考作文中学生写"挑战脆弱""追求坚韧"等话题作文时，有一半以上的学生写了"父母病亡",但如果都对这类作文以歧视的眼光来看,那是不是对真有这种生活体验的学生的不公平？所以作文的"真"不能同生活的"真"画等号,朱立元、王文英两位先生在其文章中提出这样的观点:"艺术所要求的真实性不是严格的生活真实性；无论作品的艺术表现如何虚假,只要符合鉴赏者的审美视界,使他们感到可信,得到他们的认同或批准,就都有艺术的真实性。"作文的"真"应立足于"真的情感""真的体验""真的事理",最终应归于"言语表达的真实"。因为只有"言语表达的真实"才能真实地表达"真的情感、真的体验、真的事理",言语的表达是作文考查的核心。有的作文虽"真"犹"假",虽写的是发生在自己身上真实的事,但没有用言语表达出在这件真实的事情中体现出来的自己真实的情感,读来味同嚼蜡,这就让评判者感觉"假"了；有的作文虽"假"犹"真",所写的事情可以不是真实发生在自己身上的,但在社会生活的领域里有这样的事,作者用言语表达出了这样的事假如发生在自己身上时的情感和体验,读来让人感觉身临其境,产生共同的审美感,这就使评判者感觉"真"了。作为中高考作文阅卷老师,在评判考试作文时,切不可简单从"事情是否真的发生过"来评判作文的真假,而应该在作者言语的表达中通过寻找自己的感受来评判此生的作文是否"情感真挚、体验真切、事理正确",这样就可以评判出作文"真"的程度了。

(二)从"善"

"善"简单地说,就是作文内容是否健康,立意是否深刻。不知什么原因,在近年来的中高考作文题中,只提体裁要求、字数要求,较少提内容健康、立意深刻的要求。巴金曾经对文学的功能作了这样感性的概括:文学的目的就是要使人变得更美好。学生写作的目的也是"使人变得更美好"。过去我们传统意义上"内容健康、立意深刻"的要求很大程度上带有政治的色彩,在作文的评判上给了作文"定性"的标准,这给作文者和评判者都带来了具有一定力度的束缚,历史上的中高考中,因为"内容健康、立意深刻"的要求,曾有过让一些考试作文得零分的事实。因此,近几年来大家感觉到,中高考作文命题者几乎都试图不在政治的范围内寻找命题的因子,转向在情感心灵、生活态度、过程方法上来寻找作文的话题,这既是让考生有与自己生活实际紧密联系的东西可写,也是在避免学生写错方向而带来的失误。其实,每个学生的作文都有一个"内容健康、立意深刻"的要求,在《义务教育语文课程标准(实验稿)》的开篇中就提出"努力建设与现代社会发展相适应的语文课程,在培养学生思想道德素质、科学文化素质等方面发挥应有的作用""语文课程还应重视学生的品德修养和审美情趣,使他们逐步形成良好的个性和健全的人格,促进德、智、体、美的和谐发展"。作文是语文的有机组成部分,作文的考查检测怎么能不要"内容健康、立意深刻"的要求呢? 所以,在中高考作文阅卷中,要对学生考试作文进行以"内容健康、立意深刻"为标准的评判。看作文内容反映的东西是否是时代的主流,是否带有暴力、恐怖、色情的倾向,作文的立意是否扬善惩恶,思维是否颓废堕落。文如其人,文由心生,在中高考作文的评判上要有道德的审美性,要知善从善,要用文明进步的标尺来引导当代青年学生产生积极向上的人生观和价值观。

(三)从"美"

作文之"美",要走出三个误区。一是以作文字体优美、卷面整洁来认定作文的"美",作文字写得优美、卷面整洁固然值得鼓励，在评判时也应根据评分标准给一定的分数，但毕竟此项占分只在3—5 分，绝不能"以貌取人"，作文的评分最根本的还是根据其写作内容和表现的情感思想，特别是对于字迹不太工整，甚至字写得"难看"的作文，阅卷者要耐下性子来阅读，一定要看清楚其写作的内容，再来评判其应得的分数。二是以华丽辞藻为美。当前，学生"背"作文的现象很是严重，已经出现了极个别重点学校"创新"了"万能作文法"的现象（见《语文教学通讯（初中刊）》2007 年第 3 期《谁能为"万能作文法"送终》），我们不反对作文的语言华美，但如果用背来的东西堆砌而成，像是脸上堆积的浓浓的化妆品，让人越看越倒胃口，这样的作文是没有生命的。所以，中高考阅卷者要细品学生考试作文中写得很"亮"的东西，思考其与作品主题的紧密度，思考其是否是作者原生态的语言，绝不能被"美色"所迷惑。三是以样式艳奇为美。有一些新的样式算是作文界的时髦做法，有好多学生"东施效颦"，时不时地就在作文前头来个"题记"，有的甚至在文章结束时还要加上一个"后记"，一篇很短的文章，是否真有必要在开头添个"题记"、结尾添个"后记"呢？作文的样式要为内容服务，一篇作文如果仅是外在包装华丽，而内容空泛，那绝不是优秀的作文，这正如同当前有些好看难吃的"中秋月饼"一般。所以，对中高考作文的评判，要有正确的审美观。

我以为作文之美在于三处。一是情感思想之美。评判者在阅读考生作文时，要看字里行间能否体现作者想表达的情感和思想，这种情感和思想能否让读者产生美感、受到震撼，前面说过，好文章会"使人变得更美好"。二是思维之美，中高考作文要求学生在有限的时间内用言语文字来表达自己的情感和思想，思维的合理、连贯及智慧都是充满美感的。三是语言之美。语言的美在于能否淋漓尽致地表达作者的情感和思想,就是俗话说的情感和思想是"自然而然地流淌出来的",而不是"如挤牙膏一般挤出来的"。

(四)一德为"责任"

中高考阅卷的严肃性,不用我在这儿阐述,谁都明白。作文的评判当是如此,严肃认真是对每个阅卷老师的最基本要求。但因为作文评判的弹性,加上对作文的评判主要取决于阅卷老师阅读作文时的感受,而感受是受各人水平、阅历、性格、爱好支配的,所以,中高考作文阅卷老师的责任感尤为重要,只有具有高度的责任感,去感受每篇考试作文里学生所想表达的东西,才能正确评出考生作文的分数。否则,只要有一丝一毫的松懈,就有可能误判一篇作文,那就可能误了一个学生。

(五)二德为"公正"

"公正",就是对所有考试作文都要坚持用同一标准评判,绝不能前紧后松,也不能前松后紧,更不能中途变更标准。虽阅卷点会对阅卷标准给出统一的要求,但因为作文评判标准具有不具体性,这就要求每个阅卷老师必须对照大的评判标准,确立具体的细化标准,并自始至终运用这标准来评判,要尽力做到所阅的作文评判标准一致。

(六)三德为"包容"

"横看成岭侧成峰,远近高低各不同",对于同一话题,可以有千万种理解、千万种写法。但对阅卷老师个体来说,可能会受个人水平、阅历、性格、爱好的影响,局限于某几种理解和写法。但阅卷老师是在对学生考试作文进行评判,而不是在进行个人赏析,所以绝不能带着个人的好恶和情绪来评判学生考试作文。这就需要阅卷老师能包容学生考试作文中对话题不同的理解,将个人的理解和看法适当隐藏起来。评判考试作文,是看这篇作文是否符合考试要求、是否符合评判标准,不是看是否符合自己的口味。

(七)四德为"谨慎"

在中高考作文阅卷中,有一种"谨慎"要不得。那就是不敢评判高分和低分,给分大都是在基本分左右,自认为少了麻烦。这样的"谨慎"要不得。评判考试作文的时候,分数没了差别,就失去了考试的意义,是严重的不负责任。中高考作文阅卷需要"谨慎"的是要能科学地通过分数来区分考试作文的优劣,谨慎地辨别出优秀作文和抄袭作文,谨慎地区别出仿写作文和自创作文,谨慎地判断出离题作文与扣题作文。

第二编

学校管理的"情"和"理"

1.
学校情结：让学校如在图画中

南京市江宁区的赵月蓉校长受命筹建一所新学校。她问我：你心中最美的学校应该是什么样子？我告诉她：如在图画中。

叶圣陶先生在《苏州园林》中有这样一段话："可是苏州各个园林在不同之中有个共同点，似乎设计者和匠师们一致追求的是：务必使游览者无论站在哪个点上，眼前总是一幅完美的图画。"把学校当作一个园林，让学校的每个老师、每个学生及来学校的每一位家长走进校园里，无论站在哪个点上，眼前都是一幅完美的图画，这样的校园该有多美呀，这样的校园又是多么的受师生喜爱呀！

学校，如在图画中，指的是花草树木之美。学校不可无树，学校的"校"就是"木"字旁，有树才是学校。学校的花草树木可为四时之景，春有柳，夏有荷，秋有果树，冬有梅。高树与低树俯仰生姿，落叶树与常绿树相间，花时不同的多种花树相间，这就一年四季不会感到寂寞。学校应有老树，老树是学校的魂。苏州一中的千年紫藤，已然成为学校精神和文化的象征。学校应年年植树。十年树木，百年树人，树木与树人是相连的。学校每年种树，见证学生成长，见证学校发展，倒不失为一本活的史册。

学校，如在图画中，指的是学校建筑之美。学校要是有古典建筑，那必定是学校一景，像江苏第二师范学院的红楼，像南京师范大学的随园。对于普通的中小学来说，简单的建筑设施只要有意为之，也是校园一景。上海静安区教育学院附属学校，在不大的操场边上，建筑起一土台，后有背景墙，边有一牌子，上书"闪亮登场30分"。原来，这是学校专门建筑的露天舞台，每天下午放学前30分钟时间，学生可以在舞台上自我展示，由学生会进行管理，只要报名，谁都可以上来或唱几句，或演讲几句，或表演个街舞啥的，并且轮换主持人，每天一场。每到这"闪亮登场30分"的时刻，校园里会有很多孩子呼朋引伴，蹦蹦跳跳、叽叽喳喳地来到这个舞台前，或为朋友加油，或为同学喝彩，或评头论足，看着喧闹，实为风景。

学校，如在图画中，指的是校园文字之美。校园文字要有意境之美，或传承精神，或表达理念，或熏陶情操，或感染思想。上海市奉贤中学的"顺其自然"，北京二中的"空气养人"，江苏泰兴黄桥初中的"学校好，是因为你好"，无锡新安中学的"每一个人都很重要"，宁波市鄞州实验中学的"品正学芳"，南京市浦口行知小学的"还能更精彩"，诸如此类的校园文字意味深长、意境悠远，已经成为学校文化的一部分。校园文字要有书法之美，或现历代大家之书法韵味，或呈篆书、隶书、楷书、行书之风味。深圳市福安学校的一个"福"字百种写法，已成学校风景。

学校，如在图画中，指的是校园动感之美。生动的学校，处处是场面。走进江苏省天一中学，你时不时会看到一群鸭子在踱步，你时不时会遇上几只绵羊在校园里晒着太阳，更不说鸟儿在头顶上飞来飞去。走进北京十一学校，你会感觉校园热闹非凡，校园里贴着各种海报,来来回回的学生穿梭在学校诸多功能室中,几千个学生,几百门课程,校园动态十足。动感的场面是最美的图画。

学校,如在图画中,指的是校园故事之美。校园是个有故事的地方。如果把关于每一棵树的故事都呈现在树下,学生看着树就能读到故事,岂不是件美妙的事? 如果把关于每幢建筑的故事呈现在建筑物墙上,学生走进厅廊就能读到故事,岂不是令教育目的不言自明? 如果把关于历届学生的成长故事通过橱窗、广播或校园电视台呈现出来,学生只要听听看看就会发现处处是榜样、处处是示范,岂不是最有效的熏陶?

学校,如在图画中,指的是校园成长之美。校园里应该有足够大的地方来记载校园里每个学生的成长。或荣誉成绩,或活动掠影,甚至就连在不同年级时的笑脸,都是成长的印记。安徽省蚌埠市新城实验学校走廊的天花板上,记载着师生的成长轨迹,或是老师的辉煌业绩,或是学生们的开心一笑。人是最容易回忆的,人也是最容易受感染的。每当停留在过去留下的印记前,总会给自己小结,总会给自己提出新的目标,总会让自己更自信。

设计这样的校园,你得"胸中有丘壑";要做到"胸中有丘壑",你得懂点美学。要让校园有自然美。亭台轩榭的布局、假山水沼的配合、花草树木的映衬、近景远景的层次,一切都要为构成完美的图画而存在。要让校园有社会美。学校是个小社会,什么是真,什么是善,什么是美,要有价值引领。每一个师生脸上都洋溢着价值与追求,这样的校园才有生机,这样的校园才美如画。

管理这样的校园,你得"鱼戏莲叶间";要做到"鱼戏莲叶间",你得有点思想。这个思想,就是你想要培养什么样的人。"鱼"就是校园里的人,要让"鱼"活在校园里,要让"鱼"游在校园里。学校里最生动的画面就是,话筒在学生手上,实验在学生手上,笑容在学生脸上,快乐在学生心上。我以为,评判学校好坏,不仅是看课堂上,更要看课后。如果下课铃响后,校园还是鸦雀无声,偶尔有学生走进教师办公室去订正作业,那这样的学校是无趣的,是没有生命力的。如果下课铃响后,校园一片沸腾,学生活动在校园的各个空地上,就算是追逐打闹、大声喧哗,那也是充满生机的。

"如在图画中",让苏州园林成为人间天堂。当你驻足于苏州任何一个园林,无论你站在哪一点,你都会被眼前的景色所吸引,沉浸于其中,都会由眼前的画面想起过去、想起现在、想起未来,都会徜徉于你的世界中,心灵会得到美好的升华。学校"如在图画中",在学校的每一位老师、每一位学生也会去感受自然的美和人生的美,这样的学校才是好的学校,也是我们理想的学校。

2.

课堂教学管理的理性思考

课堂教学是在教师的组织、指导下,指向多元目标的、学生自己的、生动活泼的、主动的学习活动。课堂教学的有效性是指通过课堂教学活动,让学生在学业上有收获、有提高、有进步。通俗地讲,就是每节课都应该让学生有实实在在的认知收获和或多或少的生命感悟。课堂教学的有效性在于有效的课堂教学管理。如何加强有效的课堂教学管理,我从以下几方面来阐述。

(一)把握有效课堂教学的制高点——用先进的课堂教学理念来涵盖课程

在新的课程改革背景下,如何让课堂适应新的课程,如何让课堂成为新课程实施的主阵地,如何通过课堂来达成新课程的目标,是每个教育工作者应思考的问题。新课程下的课堂教学必须有新的教学理念。我认为,不管什么学科的课堂教学,必须要有三个现代教学理念来支撑。

1. 课堂应该由讲堂变为学堂

让学生成为课堂的主人,这是新课程改革下实施素质教育非常响亮的口号,但课堂教学的现状不是这样的,很多老师在实施自己的课堂教学时,仍然是在讲,仍然是在灌输,特别是中学的课堂教学。中考与高考的压力,使得教师错误地认为,教师讲,对于学生的考试成绩提高更有益处。其实不然,中考与高考的改革,使得那些只顾自己的灌输而忽视学生自主学习的课堂,变得效率低下,学生的考试成绩也说明了那些很"辛苦"的教师最终只能排在末位。在我们学校,就出现了这样的状况,每年的中考成绩揭晓后,就有一些年长的教师到校长室叫冤,说自己平时工作怎么样认真,但学生却考不出好的成绩。其实我们心中有数,这些教师的课堂,大都是传统的满堂讲、满堂练、满堂考。

2. 问题大于认知

对于课堂教学,我认为课堂上的问题大于课堂上的认知。课堂上的认知仅是学生通过阅读或者教师的讲授,知道课本上的内容是什么。这样获得的知识,仅是表层次的,而且是以后会遗忘的。在课堂上,我认为,最主要的是要让学生以认知为基础,去生发问题,问题不是教师设置的,而是学生在自主学习中产生的,这样的问题通过学生个体的思考、学生间群体的思考,最后找出解决问题的方法,这样的课堂才能最终培养出我们新课程改革所需要的东西来,那就是学生在提出问题、解决问题过程中所获得的思维习惯、品质、情感态度、价值观。

3. 重视过程中的体验

课堂教学,要让学生有全过程的体验。任何课堂,如果只追求最后的结果,那最终都是没有结果的。重视过程中的体验,首先是课堂上要有"过程",这个"过程"不是简单的上课下课,而是课堂教学中要实施知识的探究环节。探究就是过程,在探究中让学生去体验科学的神秘,去体验语言的神圣,去感悟思想的深邃。其次是过程中出现的"体验、感悟"要在教师的指导下进行提升,使之成为学生自身拥有的品质和情感,教师的作用就在于此。我们说,教师是平等的首席,首席的作用就是能在与学生平等学习中,给学生以正确的引领。

(二)找准有效课堂教学的着力点——让教师成为课堂上的"主席"

我看过 CCTV-2 的"全国大专辩论会""国际大专辩论会"及目前正在进行的"赢在中国"节目,这些活动中的"主席",就是进行活动秩序的管理和活动中的评判。我认为,在现代课堂上,教师就要做课堂上的"主席",要成为课堂秩序的管理者、学生学习的评判者及课堂活动的参与者。

做课堂上的"主席",首先教师本身要有过硬的素质,一个对知识了解含糊且又不具有艺术素养的人是不能充当课堂的"主席"的。这里教师的素质包含三点:一是过硬的基本功,我们学校每学期都要举行教师的基本功大赛,包括普通话、粉笔字、多媒体运用;二是扎实的学科知识,我们学校每一个暑假都要求教师去做本年度全国各地的中考试卷,掌握各地中考中出现的新的知识点,在开学前进行教师秋训时,学校统一组织考试,九十分为及格线,对不及格的教师要求限时补考;三是深刻的教材理解,对于教材,我们一直是主张"用教材教"而不是"教教材","用教材教"比"教教材"上了一个更高的层次,但如果教师对教材没有深刻的理解,那就谈不上"用教材教"和"教教材"的问题,我们要求教师要像面包店里的师傅一样,将教材变成自己手中的面团,只有将面团揉透了,才能做成面包坯子,继而做成面包。

做课堂上的"主席"，教师要有科学的统筹管理能力。作为课堂上的"主席"，要知道自己什么时候做什么事，更要知道学生在什么时候做什么事，对全课堂学生的活动要有统筹的策划，对全课堂学生知识的掌握，思维的前进和情感态度、价值观的熏陶要做到心中有数。具备科学的统筹管理能力更重要的是要有教学机智，能针对课堂上学生的反应做出合理的调整，要最大限度地让学生得到最充分的发展。所以，我们学校要求，在学生自主学习时，教师绝不能站在讲台不动等学生活动结束，而是要进行行间巡视，并参与学生学习，随时掌握学生学习的状况，以便调整下面的引导活动。

做课堂上的"主席"，教师要有敏锐的评裁能力。课堂上，学生会根据课堂需求，说出自己的理解，对于学生的理解，教师会出现两种状况：一是与教师自己的答案比照，如果符合，就表扬，如果不符合，则批评；二是不论正确与否，都说"很好"。我认为对于课堂上学生的见解，教师要能做出恰当的评点。如果学生的见解正确，那教师在肯定的基础上要做出评点；如果学生的见解偏颇或者还有点问题，教师要加以引导，并帮助学生剖析问题出在何处、如何解决。

（三）稳固有效课堂教学的支撑点——强化课堂教学的管理

一个教师上好一节课并不难，一个教师要一直上好课比较难；培养一个教师成为课堂教学的能手并不难，让学校所有的教师都成为教学能手，很难。所以，要提高全校课堂教学效率，必须强化课堂教学的管理。强有力的课堂教学管理是追求学校课堂有效教学的支撑点。因此，在课堂教学管理上，我做了以下几方面的工作。

1. 落实好集体备课制度

我们学校在集体备课上实行"3521"工程,就是"三个落实,五个说课,两个交流,一个讨论"。"三个落实"指落实下下周教学内容,落实下下周说课分工,落实下下周统一作业设计分工;"五个说课"指下周的所有课时都有人说课,并从五个方面说,说本节课的导学目标,说本节课的重点难点,说本节课的教学设计,说本节课的例题设计、课堂练习设计,说本节课的课外作业设计。"两个交流"指交流各自的教案,交流制作的课件;"一个讨论"指讨论统一作业的内容和测试的内容。

2. 统一课堂基本要领

我们学校要求教师做到"五必须三一定"。"五必须"指必须提前两分钟进课堂做好上课的准备,必须微笑上课给学生和自己一个好心情,必须走下讲台与学生一起讨论探究,必须要有课堂小结时间让学生归纳本节课的收获,必须准时下课不拖堂。"三一定"指一定让学生先自主学习,交流自学所得,提出自学问题;一定由学生解决学生能解决的问题,教师不直接说出答案;一定由学生说出学习所得,学会综合概括。

3. 做好教学反思和教学善后工作

教学是一门有遗憾的艺术,每节课都有值得反思的地方,教学反思既能总结成功的地方,又能找到不足。"前车之鉴,后事之师",正确的教学反思是提高课堂教学水平的最好的途径。我们学校要求教师在每节课上完之后,都要进行教学反思,都要写出本节课还需要补什么。我们不需要教师长篇大论地去写文章,基本要求就是写出本节课的缺憾。这样,对照教学反思,教师在自习课上就能针对不同的学生进行补教,做好教学善后工作。

4. 加强教学监管

我们学校每天都有三节随机课。这三节课每天早上上课前由专人随机抽点并在公示栏公布,由全校教师不分学科听课,对照学校课堂要求写出听评意见,每周一小结,只打合格与不合格。对不合格的课,若一人一学期出现两次以上(含两次),则责令整改,并在大会点名批评。同时,学校每周五在大会议室上一节教研课,要求除当时有课的教师外其他的教师必须参加听课;在周日晚上进行全校性大评课,先由上课教师本人进行教学反思,然后由听课教师提问,上课教师答疑,最后由一名教师点评。这样,学校通过随机听课,了解学校日常课程的运行状况;通过教研课了解学校课堂教学教研的发展状况。

(四)挖掘有效课堂教学的增长点——开展课堂教学策略的研究

现代教学,已渐渐由传统的"时间＋汗水"型向"智慧＋艺术"型转变。课堂教学的智慧和艺术对提升学校教学质量起着至关重要的作用。课堂教学是一门艺术而不仅是一门技术。艺无止境,对课堂教学的研究是永无止境的。我们学校五年前就开展了课堂教学策略的研究,学校创立了"两自一归纳"的课堂教学策略,在得到专家的论证和认同后,便全校性推广。对于这样的课题研究,我们没有走传统的路,而是用一两个班进行实验,然后比照,再研究。我们的思考是,既然这样的教学策略是正确的,是符合学生的发展的,那么,作为一所基层的学校,何必过多地去追求理论上的结果,我们要的是拿起来就可以用的成果。所以,我们便在全校推广相关经验,要求每一个教师都必须用这样的教学策略上课。"两自一归纳"的教学策略就是课堂上执行三个教学环节,自学—自教(互教)—归纳,即由学生的个人自学,到小组交流和全班交流进行自教(互教),再由教师与学生一起总结归纳、提炼升华。整个教学过程是通过发挥学生的主观能动性和创造性,在教师的指导下,以教材为线索,促进学生掌握基本知识,建构自己的知识体系,形成自己的学习方法,树立创新意识,帮助学生学会学习。应该说,学校"两自一归纳"的教学策略得到大多数教师的认同,并在课堂教学实践中广泛地应用,学校的教学质量也得到了幅度比较大的提高。

3.
有情有理组织"线上教学"

疫情不结束，坚决不开学。停课不停学，网上来教学。线上教学已经成为当前的热门话题，全国教师一夜之间成为主播，教师的各种直播搞笑镜头也在各类媒体上出现。其实线上教学对于大众来说，也并不陌生，各类机构早就将线上教学与线下教学相结合进行运营。那对于没有经历过线上教学的广大一线教师来说，究竟怎么有效地组织线上教学呢？这里笔者结合近期自身开展的线上教学谈几点体会。

（一）让线上教学的环境有庄重感

当前的线上教学基本上是教师在家里进行，但作为教学环境，直播现场当然是要有庄重感的，我们不妨在家里布置一个庄重的教学环境。一是要有讲台。我是把家里的餐桌作为讲台，上面放置课本、笔、台灯、电脑，摆放整齐有序。在直播时，随手可以拿起课本，顺手可以拿起笔，不需要在用时还要离开去找，那就显得慌乱。二是空间要大。我把讲台就设在客厅里，前后左右空间很大，直播时，因为空间大，人也感觉舒适，有时需要做点动作，表现一点肢体语言,也能施展得开。三是背景要设置好。抖音上曾有学生通过视频看到老师背后墙面上的结婚照,就问老师是哪一年拍的,这就是背景设置分散了学生的注意力。背景可以是窗帘,可以是一幅画,可以是盆景,可以是书橱,甚至把一条有美丽图案的床单挂在后面,从镜头上看也是很雅致的。

(二)让线上教学的设备有时代感

线上教学当然离不开设备,一定要准备好上好的摄像头、支架、耳麦、电脑等,这样才能完成一段音形俱全的线上教学。学生或许曾经有过线上学习的经历,但基本没有看过自己的老师通过直播进行教学,学生都是带着好奇走进直播间来听课的,那当然十分希望看到不一样的老师,或是看到被镜头美颜过的老师,那样学生会非常兴奋,当然愿意坐下来听老师讲课,所以老师要修饰好自己,让镜头里的老师更美更帅。老师的声音通过麦克风传给学生听,学生希望老师的声音悦耳,好的麦克风会修饰声音,学生听起来就不一样,学生更愿意听到好听且带着混响的讲课声。

(三)让线上教学的手段有新奇感

线上教学,其实和线下教学是一样的。线上教学同样需要新奇的教学手段。比如课开始时,老师可以讲个笑话、唱个歌,学生肯定会被吸引。讲物理或者化学课时,可以做个简易实验;讲数学时,可以讲个名人故事;上英语课时,可以搞个情景剧,甚至做一个夸张的表情。这些都是好的教学手段。这时,家里的一切物件都是教学道具,家里的家庭成员也可以是你教学中可以用来表演的演员。让教学手段变得新奇,其目的就要让学生很乐意坐到电脑前听你上课。

(四)让线上教学的内容有多样感

线上教学内容的选择非常重要,因为如果只是枯燥的知识传播,学生听着听着就会感到枯燥无味。我们平时在学校教室上课时,枯燥无味的知识都教不下去,得多敲几次黑板才能引起学生注意。因此,在这特殊时期的线上教学,我们应该选择与学科相关的趣味性知识,或者把学科知识化为趣味性知识,这样才能达到教学的效果。比如讲《社戏》时,可以讲讲"你不了解的鲁迅",谈谈鲁迅是个怎样的"宠儿狂魔";讲《孙权劝学》时,可以讲讲古代大学的样子;讲《饮酒》(其五)时,可以讲讲陶渊明的人生;讲《曹刿论战》时,可以讲讲古代的作战方式。

(五)让线上教学的互动有即时感

线上教学,互动一定是要有的。你抛出一个问题,学生会在讨论区进行发言,线上教学的发言和线下教学不一样,线上教学的发言会在一个瞬间冒出,有时会让老师目不暇接。这时老师要学会立刻遴选,对有个性的发言能及时进行回复,这样发言的学生才有存在感和成就感。且老师要不吝惜鲜花、拥抱、大拇指等表情,即时对学生进行表扬和赞赏。

(六)让线上教学的作业呈现有共享感

线上教学,学生作业的呈现比线下教学优越得多。我们可以让学生把作业上传到平台空间,每个学生都可以看到他人的作业,这时教师可以把对每个学生作业的评点共享给所有学生看,也可以随机让学生进行作业的互评并在网络空间进行呈现,这样作业的效果一定会非常好。

一场疫情,把教师逼成"主播",如果我们老师利用这次难得的机会,把线上教学搞得生机勃勃,搞得生动有趣,那么即使正常复课后,我们在节假日期间,也可以继续进行线上教学,这对线下教学是一个非常有益的补充。未来已来,课堂教学的变革也悄然而至,未来,我们都会成为一个好主播!

4.

对教学环节的情理探索

"课"，是学校最基本的一个单位，教学的改革，最终是落在"课"上。教师备课、上课、课后，学生课前、课上、课后，这六个"课"若能落到实处，对提高教学效率必有收益，是转变提高教学质量方式的有益探索。结合教学实际，这里把落实六"课"的一些尝试和思考，从六个方面阐述如下。

（一）教师备课重在"研"，"研"出目标和教法

传统的教师备课在于一个字"抄"，抄教学参考书，抄现成教案，抄网上课件。针对这种无效的应付式的备课，学校要通过引导改"抄"为"研"。

个人"研"。一是每位教师必须先个人"研"读课程标准。对课程标准要烂熟于心，对课程标准总的大纲要了解，对课程标准上规定的具体目标要清楚，对课程标准上的知识、情感态度、价值观的前后递进结构要熟知，对课程标准上的每个具体实施措施要能熟练运用。通过"骨干教师讲析—教师自主学习—学校考核验收"，让每位教师做到对课程标准的充分"研读"。二是每位教师必须先

个人"研"读教材，且要求"研"读初中三年的教材。一个成熟的教师必须对本学科初中三年的教材要有透彻的了解，要能通读初中三年的教材，注意教材编写的意图，要能掌握前后教材的知识联系、知识结构和目标递进。学校每年都要对所有学科老师进行学科知识考试，试卷内容是近几年各省、区、市中考试卷内容的综合，一个初一的老师如果对初中三年的教材内容有着深刻的了解，那他在教初一时就会高屋建瓴地去引导学生探究本学科初中阶段应建立的知识体系，这对学生的探究学习有很大的好处。三是每位教师必须先个人"研"透本节课。"研"透本节课，要求教师知道把学生带到哪里去、怎样带到那里去。这就是要对本节课所要达到的教学目标心中有数，教的方法要策划好，监测的内容要设计好。四是每位教师必须先个人"研"读本班的学生。各班的学生学情不一样，学生的学习风格也不一样，要有针对性地进行"班"本研究。

集体"研"。集体"研"必须是在个人"研"好的基础上进行合作化的"研"。对于集体备课，积极尝试"3521"集体备课工程，即"三个落实，五个说课，两个交流，一个讨论"。有效的集体备课，一定程度上能均衡学校教学质量，将班和班之间的差距基本控制在可接受程度内，可以杜绝择班的现象发生。

（二）教师上课重在"引"，"引"出过程与方法

所有的"满堂灌"，大都是因为教师课前心中没数，只是把教学参考书上的知识点强灌给学生，然后是布置大量的作业让学生去死练，以使学生取得合乎要求的考试分数。而心中有数的老师上课会去做到"引"，"引"出学生科学的学习过程和科学的学习方法。教师上课积极实行"五必须三一定"的课堂教学制度。这样可以逐

渐形成相对固定的学校课堂教学特色,即由学生的个人自学,到小组交流和全班交流,再由学生在同学、老师帮助下总结归纳、提炼升华。整个教学过程就是发挥学生的主观能动性和创造性,在教师的指导下,以教材为线索,促进学生掌握基本知识,建构自己的知识体系,形成自己的学习方法,树立创新意识,学会学习。

(三)教师课后重在"省","省"出课题与思考

一个不会进行教学反思的老师是没有前途的老师。专家指出,认真写三年教案的人,不一定会成为优秀教师,但认真写三年教学反思的人,必定成为有思想的教师。学校十分注重教师的教学反思,要求每节课要有一小"省",在教案后面写一两句反思语,每一个单元要有一大"省",写不少于一千字的教学"省"录,在以后的教学过程中查漏补缺。"省",还要"省"出课题来,可以要求所有老师做到问题即课题,实行"五个一"微型课题研究,即:一个现实问题,一个研究方法,一手记录资料,一场研究讨论,一次成果表现。学校称之为"五个一"微型课题研究工程。每周五设置教研科研报告活动,地点固定在教学探究室,实行海报告示、学科参与、及时评议制。很多老师从课堂中"省"出了课题来,比如有老师从学生小组学习的不成功中,"省"出了"探究合作学习的有效性"课题,有老师从学生课堂回答问题即全体性回答问题的虚假性中"省"出"课堂回答问题真实性研究"课题等,课后的"省"促进了教师的专业成长。

(四)学生课前重在"疑","疑"出已知与未知

学则须疑。学生课前的"疑"对课堂的学习非常重要。学校对

学生学前的"疑"做了如下的规定:"看书动笔又动口,各种符号书上走,已知未知必须写,想学什么心中有。"要求学生在预习时,既要动笔又要动口,就是数学物理类的学科也要求学生去大声朗读课本,书读百遍,其义自见,用心去读,读的过程中会明白很多新的知识;要求学生在自学时能运用自己创造的各种符号对学习的内容进行标识,通过标识,学生能自己理清内容的结构,找出重点难点,形成带有各种不同知识结构层次的认知。在预习时要求学生用蓝笔写出已知,用红笔写出未知,对自己什么地方会了、什么地方还不会、想知道什么,做到心中有数,那在课堂上的学习就有了个性化的学习目标。

(五)学生课上重在"思","思"出思维与技巧

学生课堂学习最终是落在思维的训练上。课堂上学习思考的程度决定着课堂的质量。所以,是否是真正有效的课堂,就着力于看课堂上学生思维的发展程度。课堂上如何让学生全过程在"思"呢?学校实行"三禁三倡"制度。"三禁"指"禁教师自问自答,禁教师报答案,禁不留思考时间让学生回答";"三倡"指"倡导有情境,倡导有实践,倡导有多媒体"。通过"三禁三倡"制度的积极推行,学生有了思考的时间和空间,有了思维的载体和呈现形式,也有了思维的技巧,思维的活跃度就提高了。

(六)学生课后重在"行","行"出能力与体验

学校对学生课后做什么,曾进行一定程度的调研和讨论。在江苏省"五严"背景下,控制学生在校时间、控制作业量、节假日不补课已成为共识。学生课后的时间多了,如何建立学生课后自主

学习服务体系应该是我们思考的课题。在严格控制学生的课后书面学科作业的基础上,我们着力于让学生课后时间用在三个方面。

1."两语"阅读

定期向学生推荐阅读内容,开展"两语"阅读展示会,对"两语"阅读进行成果评奖,实行"114"工程,即"一周一交,一月一评,一年四奖"。"114""两语"阅读工程的实施让学生爱上书,书店成了学生常去的地方。

2.书法展示

学校把硬笔书法作为学校的特色在积极推进,每周要求学生练习两张硬笔书法,在每个楼层的通道口,每个学生都有一块展示自己书法作品的小地方,这个小地方就是自己一学期书法作品展出的窗口。每个学生可以横比,每次作品被张贴在每个人专属的区域时,大家都要看看谁写得漂亮、写得端庄;每个学生还可以纵比,每次作品在被张贴到自己的小地方时,看看上次写的,再看看这次写的,如果有了进步,即使不如别人的那么漂亮,但比上次漂亮了一点,心里也开心。

3.奇思妙想创作

学校引导学生利用课余时间进行"奇思妙想"创造,并将优秀作品在学校固定栏目"我的创造"中进行展示。在不到两个月的时间内,学生上交的创造作品达二百多幅,有很多作品创意新颖,学校对此进行定期评价、不断展示,极大地调动了学生的积极性。

5.

一节好课的四个脉理过程

我认为一节课,要经过四个脉理过程才是好课,这四个脉理过程就是"谋课"—"洗课"—"上课"—"思课"。

(一)谋课

谋课,就是课堂教学的谋划。

1.谋划教材内容

要对教材内容进行深入理解,教者首先必须深入文本中去,对文本进行深入钻研,掌握文本内在的东西。通俗地说,就是教师自己要先懂。

2.谋划编者意图

想一想,编者这样编,是想做什么,与前与后有什么联系。每个注释、每条例题、每道练习可以说都有编者一定的意图。教师一定要揣摩其编写的真实意图,才能真正领会文本的内涵。当然,编者的意图不都是完全正确,但如果我们真能寻找出编者编写的问题,那对教材内容的理解不是更深刻了吗?

3. 谋划教什么

记住，一定要想"用这样的教材内容教什么"，而不是"我怎样教这样的教材"。这个问题很重要，在想"用这样的教材内容教什么"时，你就要思考，这节课最终就是要让学生形成一定的认知，学会一定的方法，培养一定的情感态度、价值观，这正是新课改所倡导的三维目标。如果只是考虑"我怎样教这样的教材"，那思考的只能是我要让学生记住什么、会做什么习题。

4. 谋划怎样教

怎样教，就是进行课堂教学设计。课堂教学设计是课堂的形式。课堂的形式是很重要的，洋思中学的"先学后教，当堂训练"，我们学校的"两自一归纳"等，都是课堂形式。我认为，什么样的形式都无所谓，但每堂课必有一定的形式。形式要能做到两个基本点：一是参与者要多，二是受益者要多。做每一步的设计时，都要想想有多少人能参与这一步，是否所有人都会有收益。

(二)洗课

洗课，就是课堂教学的刷新。

洗课，是个新的名词。洗课是在已经备好课的基础上，在上课前对课再次思考，进行内容或环节的增减，最终确定课上进行的方案，所以，我把它称之为"刷新"。洗课是围绕学生来的。

1. 洗学生不需要的

很多课，在课前，教师准备了大量的资料，想在课上展示给学生，殊不知，很多的资料是帮助教师来理解的，让教师站得更高一点，对于学生来说，根本不需要。

2. 洗学生不喜欢的

这是从课堂内容的学习方式上来讲的,教师设计的方式要符合学生的认知特点。比如,初中里还用小学的"开火车""男女生竞赛、小组竞赛""啪啪啪,你真棒"等形式,相当一部分学生就不喜欢。

3. 洗学生难达到的和都达到的

教师在进行课堂谋划时,有时是从自己的水平来想的,或者是从成绩好的学生角度来思考的,但我们面对的是几十个学生,这中间必然有一些聪明的,也有一些一点也不聪明的。如果所设计的题目,只有一两个学生能说、能做,那这样的题目没有意思;如果所设计的题目一个学生也不会,那这样的题目更没有意思。

(三)上课

上课,就是课堂教学的运行。

上课,我欣赏洋思中学提出的"让学生全过程紧张地学"的课堂教学理念。我根据我们学校多年来实践的"两自一归纳"教学模式,对上课做了这样的概括:

开门见山,引课要妙;

目标现实,三维构造;

方法问题,自学指导;

讨论互教,问题重要;

教师下巡,学情明了;

扣住重点,剖析巧妙;

拓展延伸,分层提高;

自我归纳，收获汇报；

作业当堂，题目要少；

课件制作，思路要巧；

语言不重，面带微笑；

两自一归，全校记牢。

(四)思课

思课，就是对课堂教学的反思。

一思课堂上优等生、中等生、差生分别懂了什么、会了什么；特别是中等生和差生在这节课上的收获。如果一节课只让优等生得到了发展，那这节课是无效的，因为优等生常常你不教他也会。

二思课堂上还有什么没做到位，有缺憾的地方要作为自习课或者课后补救的内容，来弥补课堂的不足。

三思如果中考考这节课的内容，会出什么样的题目，这样的题目学生会吗？

四思以后再教这一课时，要进行怎样的改动。

只有经过这样的教学反思，才能提高自身的教学水平。

6.
洋思课堂的理性反思

(一)背景

多年前,笔者参加"学洋思"校长培训班,为洋思中学从一所三流的农村学校发展为一所全国基础教育的典范学校感动,写下了《洋思经验的精髓在于"不断创新"》一文。那时新课程改革才刚刚在极少数学校试点,洋思中学不是新课程改革的试点学校,但洋思中学数十年来办学的思想"没有教不好的学生"、教学模式"先学后教,当堂训练"已顺应了新课程改革所倡导的部分理念。就像当年安徽凤阳县小岗村那几个率先承包土地的农民一样,蔡校长等人从课堂上最实在的东西做起,做实课堂应该做的事,久而久之,就形成了一条教育创新之路,走出了自己的特色。六年后,在新课程改革已于全国各地中小学如火如荼开展的今天,笔者又一次参加了"学洋思"校长研讨班。这时,我想,我们不应只是看洋思这所学校,而应从洋思这所学校来看新的课程改革,来思考教育的走向。改革的内容都是有不同思考的,这也是改革的生命力所在,新课程改革就是在不同的声音中进行的,正是在大家不同的思考、不同的做法中,各地才形成了多样的教育理念和各具形态的办学特色。而洋思这所学校,无疑,在这场教育改革中,又一次焕发了活力,教育的思路在创新中越走越宽广,教育的本质在创新中越研越深刻。洋思的课堂是洋思"发迹"的摇篮,也是洋思"壮大"的根本,更是洋思"永恒"的基石。下面,我从一个课堂教学思考者的角度谈谈洋思课堂"得""失",仅是凭着自己对课堂教学的理解,对新课程改革的一点认识。

(二)课堂场景剪录

同学们,今天我们学习徐志摩的《再别康桥》。

(屏幕出示学习目标:通过有感情地朗读课文、背诵课文,体悟诗歌所表达的感情,品味诗歌形象生动的语言。)

下面请同学们朗读诗歌。

(七位同学每人朗读一小节,其中正音漫溯的"溯"、满载的"载"。)

(屏幕出示自学指导(1):请放声朗读诗歌,同时积极思考课文"探究练习一"的问题。4分钟之后,比谁回答得有特色。)

4分钟后,学生回答课文"探究练习一"的问题。

(屏幕出示自学指导(2):请完成课文"探究练习三",并积极思考:诗中哪些景物给你留下了深刻的印象? 这些景物分别融入了作者的什么感情? 诗歌运用了哪些修辞手法? 这些修辞手法对表达诗歌感情有何作用? 6分钟之后比谁读得有感情,分析得精彩。)

6分钟之后,学生发言,完成自学指导的任务。在学生发言中,教师有选择地将学生说出的词板书,并小结诗歌"以景写情"的写法。

最后举行朗读比赛。

课堂"得""失"分析如下。

首先是"得"。一是洋思的课堂积极地让学生先对照要求进行自学和指导自学,有目的地明确学生学习的任务,使每个学生都在紧张地学习(因为有时间要求),并争取能更好地去完成自学指导的要求,胜利地完成阶段的学习任务。本节课教师一开始出示的自学指导就给了学生学习的方向,同时又明确了学习的时间。学生对照要求去朗读课文,思考自学指导提出的问题,在学习能力上得到了一定的培养。新课程的要求就是给学生自主学习的时间,培养学生自学能力。

二是教师走出了传统教学以"讲"为主的模式,在学生大量的朗读中,主要是让学生对照课文后的习题思考,谈自己不同的见解,让学生成为课堂的主人。

三是课堂上注重对学生的合作能力的培养。以小组讨论问题的形式,让学生有了个人发挥的空间。

四是学生的学习纪律好,任务能被很好地完成,知识能得到坚定的落实,真正做到了"堂堂清"。这节课就是让学生以朗读作为学习手段,来完成自学指导的要求,完成"探究练习一和三"的作业。在落实课文要求和教师要求上有很明显的效果。

五是"先学后教,当堂训练"的模式使一个年轻教师得到在较短的时间内能轻松驾驭课堂的经验,这是洋思课堂模式对新教师最大的影响。本课的教师虽很年轻,但教态自然、落落大方、引导得当、教学层次清晰,足以让人佩服这位年轻人的成长速度和洋思教师团体的战斗力。

其次是"失"。第一是自学指导明确提出学习任务是完成探究练习题,就体现了课堂以解决老师预设的问题为主,学生的每一步只能是跟着老师转,听老师指挥。课堂是师生活动的场所,在这里面,不可以有指挥官,不可以有导演,人人都是学习的参与者,师生个个都是学习内容的探究者。

第二是课堂的本质是发现问题,不是解决问题,更不是解决老师和课本制造的问题。所有的学习都应是在寻找自己不会的东西,发现自己的疑问,先疑后思,这个过程就是学习。所以,新课程讲究的就是过程的体验,而不是最终去解决什么问题。

第三是完成教师和课文给出的任务时,学生只是紧张,加上有了明确的时间限制,就更紧张了,没有了激情,思维和智慧就不能得到碰撞。而自己去找问题,去发现问题,这个过程是愉悦的,学生没有身心的疲劳,只有寻找问题的激情和快乐。将自己发现的问题交给同学们共享,让大家都来思考问题的答案,即使最后的答案没有明晰,但大家一起思考的过程也是很开心的。

第四是在一种固定模式下的教学活动,最终会让教师和学生失去原创力,活动的多样是人的社会活动最基本的需要,也是生活质量得到提高的最本质的要求。教学活动必须呈现多种样式,绝不能去刻意固定,"没有最好的,只有更好的""我喜欢,我选择"这两句广告词讲的就是这个道理。

第五是课堂上让紧张的学习贯穿课堂,用全过程的考试代替课堂,仅是使学生在疲惫地完成老师交给的一个又一个任务,巩固刚学的一点又一点的知识。真正高效的课堂不是以学生高程度掌握知识为唯一指标的,而是从多维度来评价的。

(三)课堂场景模拟

同学们,今天我们一起来体验徐志摩的《再别康桥》,我们先揣摩一下这首诗歌的题目,你从题目中发现了什么?

学生活动:用自己的思维去发现题目后面隐藏的东西,不断地去猜想、去推测、去怀疑、去询问,从平时的积累中找想知道的东西。

同学们,我们大家一起在这首诗里面寻找刚才大家想知道的东西。你可以大声地朗读,因为"读书百遍,其义自见";你也可以用眼睛读,去品其中的滋味,因为"思考是人类最大的乐趣";你也可以查阅资料,去品味语言的妙用,因为"借鉴也是一种学习"。

学生活动:大家用各种方式欣赏这首诗歌。老师参与其中。

同学们,现在我们把自己刚才学习过程中的各种体验在小组中进行交流,选出小组认为最佳的感受与全班同学共享。

学生活动:小组交流,老师参与其中。

同学们,请各小组推选一名同学代表小组发言,谈此刻的感悟。

学生活动:小组代表发言,老师和大家共同欣赏和感受,对给大家很好启示的发言给予表扬。

　　同学们,大家再看看题目,我们这时又明白了什么?还有什么新的发现?

　　学生活动:再思考题目背后的东西,再去发现新的问题。

　　同学们,请大家课后多去看看徐志摩先生的诗,我们还会有更多的发现。在适当的时间我们会召开"志摩诗歌赏析会"。

7.
教学模式的情理实践

文化教育家斯普朗格曾经说过:"教育的最终目的不是传授已有的东西,而是要把人的创造力量诱导出来,将生命感、价值感'唤醒'。"

真正的教育在于"唤醒"。

江苏教育学院徐建成教授主持的"'两自一归纳'教学模式研究"课题就是"唤醒"教育的一种尝试和探索。

"两自一归纳"教学模式通过"自学—自教—归纳"这种以自主性为显性特征的导学链接,让学生选择适合自己的学习方法,建构知识体系,从而唤醒学生学习的创造潜能,在体验中突显生命感、价值感。

我们学校从 2000 年 6 月起参加了徐建成教授的该项课题研究,在徐建成教授的指导下,我们大胆实验,不断创新,在认识中大胆实践,在实践中提高认识,并且与时俱进,将"两自一归纳"教学模式研究与新课程改革结合,用新课改的创新理念来指导和提升"两自一归纳"教学模式的研究和实验。

（一）充分认识"两自一归纳"教学模式的内涵

徐建成教授在该课题立项时，就非常明确地将"两自一归纳"教学模式的本质清晰地告诉了课题组的成员。"两自一归纳"教学模式以较为前卫的建构主义理论做支撑，以马克思主义人性观做指导，以"让学生在自主学习的过程中稳步增长，自我发展，自我完善，自我创造"为本质。这是一种突显素质发展的教学模式，是一种以学生为主体的学习模式，是一种与传统教学模式完全背离的教学模式。"两自一归纳"教学模式明确提出两个新的教学理念：一是学习的方法不能移植；二是知识的体系自己建构。两个理念的核心是真正体现学生的主体地位，把促进学生的发展落到实处，我们认为"两自一归纳"教学模式在教育改革特别是课堂教学领域内具有较为先进的理念。所以我们参与了该课题的研究，并且鉴于学校刚撤并新建的特殊性，我们从一开始就没有设立固定的实验班和实验教师，要求全面推开，人人参与，大家探索，科科研究，课课实验。我们的理由是：既然我们认同了这种教学模式和理念的先进性，就不必再等待，让大家都来探究。说到底，我们就是要用"两自一归纳"教学模式的先进理念来指导全校的教学，让学校的教学工作、科研工作在"两自一归纳"教学模式的实践中发展。

（二）积极实践"两自一归纳"教学模式的理念

1. 在实践操作中规范"两自一归纳"的方式

在自学环节上，引导学生提出明确的自学要求，让学生自己确定学习目标和任务，让每个学生知道学习的要求。在自学时，学生要能初步建构知识体系，并提出疑问或自己的看法。特别强调对学生的学习方法不做指导,而是鼓励学生用自己的学习方法完成学习任务。

在自教环节上,指导学生建立自教组织,灵活运用"两两"交流的方式。通过小组交流及全班交流的组织形式,保证每个学生积极参与学习活动。要求每个学生在交互活动时,能提出问题让对方回答,能保证每个学生都能提出问题或回答问题。鼓励学生采用多种形式进行自教,比如答辩、辩论、质疑、交流笔记等。在自教中,教师在不同的组织形式中指导的方式不一样。在"两两"交流和小组交流时,教师对学生的学习活动不做过多的引导,调控只是为了保证交流的顺利进行。教师参与学习小组交流,可以收集疑问,进行择选,以便在全班交流时能抓住重点。在全班交流时,可以由教师组织,也可以由学生组织,教师帮助答疑,和学生平等参与全班的交流。

在归纳环节上,教师可以事先设计问题,给学生查漏补缺。本质上,归纳应是学生在教师的引导下自我归纳,完善自学。在自教时建构知识体系,并且让学生在自我归纳中迸发创造潜能,突显了学生的生命感和价值感。这就要求教师在归纳环节上,要善于把学生的学习兴趣和思绪引向教材之外,延伸到课堂之外。

"自学—自教—归纳",不是固定的程序,而是可以灵活调控。根据教材的特点,可以让学生在自学自教的同时,进行分步的归纳。

2.实际操作中恪守的准则

(1)学习的目标由学生自己定。学生是学习的主体,对于新的知识,学生应根据自己的前知识结构、能力状况、兴趣爱好和对事物的价值观确定自己的学习目标,这样就可以保证学生各有所得,每个都能在自己的最近发展区内得到发展。

（2）学生自己自主建构知识体系，形成相应能力，促进价值观、情感观发展。这是"两自一归纳"教学模式的本质。学生对照自己确定的学习目标，自学、自教、自我归纳。在这过程中不断把新旧知识进行联系，从而建构新的知识体系，达成相应的能力要求，并根据自己的知识积累，完善自己的价值观、情感观。

（3）教师只是平等的参与者。"两自一归纳"教学模式是以学生为主体的学习模式。教师只是学生在自学、自教、自我归纳过程中的平等参与者。教师只是作为课堂活动众多参与者中的一员，将知识、能力、情感态度与同学们共享。教师在"两自一归纳"教学模式中扮演的是欣赏者的角色，并且要以首席者的身份来宽待学生的变异思维，鼓励学生创造。

（4）注重课堂的外延，把课堂上学生习得的东西与生活实际结合。"两自一归纳"教学模式具有开放性。"两自一归纳"教学模式鼓励学生在建构知识体系时把教材的知识和生活密切联系，把自己的知识与他人的知识紧密结合，并且倡导学生用习得的观察、思考、质疑的能力去实践教材以外的东西，用习得的价值观、情感态度去评判社会。

（5）强调系统性，注意发展性。"两自一归纳"教学模式不以固定的模式来规范，而以学生发展为最终归宿。在实践操作中，要求教师充分领会"两自一归纳"教学模式的内涵，让学生系统地形成良好的学习方法，养成良好的学习习惯，树立正确的价值观。情感态度为最终评价标准。每节课是否成功，就看在这节课上学生是否得到了发展。

(三)我们的体会和思考

我们学校参加"两自一归纳"教学模式的课题研究实际时间只有一年,在这一年多时间的实践中,我们有所收获。

1.学生逐渐从"学会"变为"会学"

过去,学生学习只是"等待",等待教师的灌输。现在学生已逐渐自主地去探究、去设计、去寻求。在自主活动中,养成了比较好的学习习惯,形成了极具个性的学习方法,人生观、价值观、情感态度也有了比较鲜明的变化。

2.教师从"舍不得放"逐渐过渡到"乐意放"

过去教师在传授知识的过程中,点点滴滴都要说到,生怕哪个地方不讲,学生就不会。现在教师尝到了让学生自学、自教、自我归纳的甜头,明白了学生已经会主动去思考问题。在考试制度大力改革的大背景下,学生的这种善于思考、主动探究的能力和精神是比较适应当前的考试评价的。这点我们从今年我校的中考成绩及走在"两自一归纳"教学模式研究前列的教师所教班级的成绩表上也可以看出。

3.学校的科研气氛相对浓厚

"两自一归纳"教学模式研究是我们学校的中心课题,在这个大课题下,我们又立项了"活动型作文教学研究""电化教育在课堂教学上的应用研究"等课题。"两自一归纳"教学模式的课题研究给全校教师以比较好的科研意识,并且大家能自觉地将"两自一归纳"教学模式的先进理念渗透到其他课题研究中去,收到了较好的效果。全校教师参与课题研究的积极性高涨。

4.“两自一归纳”教学模式课题研究为我校本学期开始的新课程改革提供了比较好的实施平台

“两自一归纳”教学模式的理念实际上就是新课改的理念。我们用新课改的理念进一步指导“两自一归纳”教学模式的课题研究，使“两自一归纳”教学模式的课题研究得到进一步的深化。“两自一归纳”教学模式的课题研究也为新课改的实施提供了捷径。

我们在进行“两自一归纳”教学模式的课题研究中，既在不断实验，又在不断小结，既在大胆实践，又在不断思考。

我们在思考中也有两点困惑：

一是学生在自学环节上，常常出现受到时间限制的问题，课堂时间的限制有时让学生自学不到位。我们曾尝试把自学的时间放到课前，但又出现了在自教环节上交流时激情不够的问题，学生自学后立即交流的激情比自学后间隔一段时间再交流的激情高得多。

二是学生自学时自己建构的知识体系在自教、归纳中不断完善，但因为是学生自己建构的，受知识、能力和其他方面的因素影响，完善的程度不尽相同，也必然带来了一定的差异。如何通过适当的途径，尽量帮助一些学生完善他们自己的建构也是一个问题。

“学会学习，鼓励探究，增强合作，培养能力，着力发展，让知识汇入生命之流”是新课改的要求，也是“两自一归纳”教学模式课题研究的主流。我们学校在徐建成教授的指导下，在省市专家和领导的关注下，如同一个刚学步的婴儿，正蹒跚而来。我们坚信，在专家学者的呵护下，我们会不断地研究下去，我们会取得成功。我相信，新课改的春风会唤醒我们学校科研的生命感、价值感，“两自一归纳”教学模式的课题研究定会在我们学校绽开灿烂之花。

8.
学校教育的情理管理

新安,无锡的南大门,濒临太湖,古运河穿境而过,世代以农业和渔业为主。2006年,新安开发建设无锡(太湖)国际科技园;2013年,无锡国家高新开发区管委会搬迁至新安。新安经济腾飞了,社会事业也随之蓬勃发展。2008年,新安中学易地新建,校园建筑现代气派,教学设施更换一新。这里和所有的开发区一样大量征地、大批建设,农民变市民,乡村变社区,小店变超市。然而,学校还是学校,教师还是教师,学生还是学生,家长还是家长,新安中学的本质没变,农村薄弱学校的典型性特征还很显著。而城市化进程的加速,倒逼着社会事业要与经济发展相匹配,倒逼着学校前行,走向现代学校的行列,以适应区域的发展,以满足人民对教育的需求。四年前,我走进了新安中学,带着改变的责任,也带着自己的一份教育梦想,开始了痛并快乐着的革新之旅。

(一)眼高,用理念撑起教育的梦想

"学校好美!"每个走进新安中学的人都会由衷地发出这样的赞叹。青色的建筑大楼在郁郁葱葱的各季树木中若隐若现;高大的图书信息大楼前面一大片宽阔的草坪,让人一进校门就心旷神怡;教学楼、行政楼、实验楼、艺术楼、体育馆分布在偌大的草坪两旁,或对称,或穿插,静静地守候在那里。刚进学校时,就有老师对我讲,这里,原先就是谁家的房子,那里,原先就是村里的一个小工厂,还有,那大楼位置,原先是某家的水稻田……一眨眼,这里成了学校,一所看上去很现代化的学校。搬进新学校,全校师生很兴奋,在搬迁仪式上说得最多的话就是:新学校,新希望,新成就。然而,随着搬迁仪式花篮里鲜花的蔫落,一切回归原状,涛声依旧,农村薄弱学校存在的各种诟病依然未变。只教书不教研,重优生弃差生,求事少保安全……刚走进校园的我和班子成员陷入沉沉的思考:学校发展需要什么? 新安中学发展需要什么?

学校有很多智者,也有很多明朗人。访谈、交流、讨论……大家都认为,学校的成长如同一个人一样,需要精神、需要灵魂、需要信念。大家商量着,思考着,于是就诞生了"每一个人都很重要"这句话。其实,我们不是太清楚这句话算不算正宗的办学理念,但我们相信,这句话,可以引领我们去做正确的事,去实现我们的教育梦想。我们开始了"每一个人都很重要"的大讨论,开始了"每一个人都很重要"的行动实践,开始了"每一个人都很重要"的教育反思,甚至我们还举行了以"每一个人都很重要"为主题的征文、书写、歌唱比赛,让大家围绕这句话写思考、练书法、搞创作。

渐渐地,全校师生嘴里都有了这句话,有事没事就会提到"每一个人都很重要"。平时工作学习,自然而然就会向着"每一个人都很重要"的方向去思考;学校管理、班级管理也努力在践行"每一个人都很重要"的理念。"每一个人都很重要",就像空气一样,养育着校园里每一个人的心肺。在学校学生获得区英语口语比赛第一名时,李建明老师在 QQ 群里,发表了自己创作的黄健翔激情演说版贺词:"英语组,英语组,第一!第一!第一!谢玉英立功了,华丹凤立功了,费雅君立功了,蒋亚珍立功了,张艺立功了,王家平立功了,费芳芳立功了,钱姣立功了,惠岚立功了,王妍立功了,张华也立功了!……第一!第一!第一!新安中学的几位师生以流利纯正的口语和精湛的演出夺得了第一,不给其他学校以任何的机会!伟大的新安中学英语组!它继承了新安中学的光荣传统,团结、认真、积极、进取、奉献,英语组代表了新安中学悠久的历史和传统,在这一刻,它不是一个组在战斗!它不是一个组在战斗!是新安中学所有的组,语文组、数学组、理化组……因为每一个人都很重要!"

(二)手低,用细节砌起变革的根基

学校看起来很大,实际上很小。学校只有 18 个班级,80 名老师,700 名学生。从细处着手,是对这所学校进行改变最恰当的切入点。

1. 改改牌子

学校原先有五个科室,即校务办、教务处、教科室、德育处、总务处。于是我和大家商量着,把各个科室的牌子改改名字,变成了校务管理处、课程执行处、教师发展处、学生成长处、后勤保障处,另再成立一个现代技术处。开始有人不理解,不就换个牌子吗,换汤不换药的。我说,其实不一样的,比如教务处,过去只是在做常规的事务性的事,改成课程执行处,意图是要让大家有课程意识;课程执行处的同志,不再是只考虑排课上课,更多的是要考虑课程执行过程的有效性和创新性,要有课程执行的意识,更要有课程开

发的意识;比如说教科室,过去只是在做一般的教研活动,改成教师发展处,意图是要站在教师发展的高处提高教师的科研水平,教师发展处的同志要能帮助教师制订长远的专业发展规划,要能协助教师进行专业培训和学习,要努力让每一个教师的专业素养在每个阶段都有发展;比如说德育处,过去只是在做学生思想教育的工作,甚至更多的工作是管理不听话的学生,改成学生成长处,意图是一切工作要从学生成长出发,学生成长处的同志,要以学生成长为核心进行主题活动,高度不一样。经过这样的解说和开导,大家心里敞亮了,改了牌子,就是换了思想。

2. 树立样子

学生的头发有时也是学校中的大事。特别是每学期开学之际,总归会看到有女孩子烫了卷发,或染了点色,也会看到有男孩子理个光头或做个造型。这是学校的校规中不允许的。怎么办?惩罚? 不行。于是,便和学生成长处商量,举行学生发型大评选,学校选出适合学生的多种男女发型,让学生评选四种最佳发型,做成图片,在学校进行宣传,让大家知道什么才是大家眼中美的发型。这样一熏陶,校园里就再没有上述奇异的不适合学生的发型出现了。事后我们组织班主任、任课老师进行讨论,大家一致认为树立榜样的教育效果比任何惩罚都好。于是,学校就有了"做可爱女生""做真诚男生"的主题活动,树立"可爱女生""真诚男生"的榜样,引导学生仿效和学习。甚至在班级管理中,也在流行"参与管理",分配给学生做的事,教师必定也分配到一部分,教师和学生一起做,要做出样子。

3. 大主题小活动

一年一度的元旦会演,主管的同志在挑选节目时,会遇到这样的问题:会演时间短,能上演的节目有限,就像"春晚"一样,只能上这么多节目呀。我一寻思,"每一个人都很重要"呀,如果我们学校的学生在学校三年,都没上过舞台,都没拿过话筒,都没打过比赛,都没机会展示自己,那岂不是教育的失误? 但学校大活动毕竟有时间和空间的限制,如果我们开展小活动,学生不就有机会了吗。于是,我们就开始了"大主题小活动"。在班与班之间、年级与年级之间确定一个大主题,举行一次小活动,自主设计海报进行宣传,自主撰写活动新闻进行报道,班级人人参与,学生自当家,教师不做主,学校给时间、给空间、给设备,一句话,学校和老师做好服务工作,且只做好服务工作。小小活动,开展得热火朝天,才两个月,就诞生了比协调的长绳比赛、比合作的足球比赛、比美声的歌咏比赛、比眼力的摄影比赛,还有比生活的素材比赛等十几个小活动,让校园充满了生机。

(三)革新,用研究引起思想的渐变

课堂永远是改革的主阵地,也永远是最难啃的骨头。农村学校传统的"一言堂"思想根深蒂固。我曾经和老师们交谈过,大多数人说,习惯了,也方便,不费脑筋,把要考的讲讲,然后做做习题,就行啦,学生也能考出点分数。然而,他们也认为现在的学生是难教的,课堂经常出问题:学生知识面广,有些知识,学生懂,老师不懂;有些知识,学生完全可以自己学,老师还在照着书本讲,学生听课没劲头,好学生也不听。这要怎么办呢? 研究课堂。先让大家调查课堂,调查的主题是"学生课堂上究竟需要什么",然后再研究,我们怎么做才能满足学生的需求。我们归纳出"八大内需",并提出了相关的策略。

第一,学生有学自己愿意学的内容的需要。(1)兴趣引导。设计学生感兴趣的导语激发学生内在的好奇心。(2)目标引导。引出本节课要达到的目标,通过目标来引导,让学生内心产生要达到目标的动力。(3)问题引导。设计能引起学生想了解的欲望的问题,让学生内心产生要解决问题的动力。(4)旧知引导。罗列旧知掌握中产生的错误,让学生内心产生要纠错的动力。

第二,学生有自己学会的需要。(1)让学生先学,要求做先学笔记,把学会的知识罗列出来。先学笔记可以在书上做,也可以用课堂笔记本做。(2)要求学生先学时要提出疑问,并记录下来。记录可以在书上做,也可以用课堂笔记本做。

第三,学生有与同伴进行交流的需要。(1)建立小组合作学习组织。班级座位按照"U"形坐,六人一组,三组一行。各组按学习成绩、活跃程度、男女性别均衡分组。每组选一名组长,由组员共同商量,确定个性化的组名,并制定组规。班级确定组间评比细则,定期进行组间评比。(2)课堂教学要经常性地组织学生进行组内交流,力求组内每个成员都有讲话的机会。

第四,学生有表达展示的需要。(1)尽可能让每一个学生都有机会在组内表达展示。(2)尽可能熟练使用实物展示台,把学生的课堂记录或课堂训练成果进行展示。(3)尽可能让学生到讲台上展示。

第五,学生有质疑问难的需要。(1)每节课要有环节让学生质疑问难,学生的问题尽可能先让同伴帮助解决。(2)对学生的问题要学会瞬间梳理,不在无价值的问题上花费时间。

第六,学生有接受检测评价的需要。(1)教师课前要设计一定容量的检测题让学生自测,对自测中的错误要能当堂纠正。(2)要让学生自己设计检测题,生间相互检测。(3)要能注意所有学生检测的情况,随时掌握学生目标达成的情况。

第七,学生有知识归纳的需要。(1)要有让学生自己进行知识归纳的环节,可以发言,可以用笔写,要教会学生知识归纳的方法,分两点:一是知识点,二是相关题目。就是"考什么,怎么考"的问题。(2)教会学生课后整理课堂笔记的方法,让学生学会进行资料积累。

第八,学生有得到尊重和鼓励的需要。(1)要学会表扬每一个学生。(2)要学会用目光关注每一个学生。(3)要学会用科学的方法提醒每一个学生。

现在,关于"内需教学",我们已经形成了课题并在进行研究,我们课题研究与从前有点不同,老师们过去没有课题研究的专业素养,我们就简单化:你的课堂,在设计时只要尽可能去寻找相关策略来满足学生的这"八大内需"就行。事实证明,课题研究简单化后,老师们就会操作了,不到两年时间,还出现一些尝试性教学样式。如语文组的老师探索出"烹调式"作文教学法,数学组的老师探索出"探试式"数学教学法,理化组的老师探索出"问题式"理化教学法,英语组的老师探索出"情景式"英语教学法。虽然理论水平不高,但具有实际操作性,学生自主学习的兴趣和能力都得到了提升,老师们也尝到了"研究"的甜头,教学的思想发生了变化,无形当中,科研的素养提高了。

(四)忆旧,用田地搭起邻里的情趣

虽然住进了高楼,但大家对村庄的那份情愫已经渗透到血液里了。老师们谈起过去的事,多是讲在房前屋后和田间地头劳作的趣事。田间劳作,不光是为了种粮食,更多的是享受劳动带来的

乐趣。那时,人的思想也没现在这么势利。过去,钱少,人情味重;现在,不愁钱了,人情味淡了。孩子呢,自从住进了高楼,听不见蟋蟀的声音,看不到蝈蝈的跳跃,辨不出韭菜和麦叶,不知花生长在地下,不知豇豆挂在藤上。我行走在操场边上的一块荒地上,就幻想变荒地为土地。在这水泥森林的世界里,要是能让班班有土地,人人有土地,从土地里能长出自己种的土豆、白菜、玉米、大蒜、红薯、西红柿、向日葵……那是何等的快乐!春寒还料峭,大家齐动手,人人都参加,平整、划地、蓄水,选种、栽培、浇灌,汗水流下来,快乐涌上心。喜看黄瓜从一粒种子到嫩嫩新芽,从闪闪黄花到绿油身躯;乐瞧玉米粒从埋在地下到冒出青头,从亭亭玉立到玉树临风……孩子们兴奋,老师们得意,大家都夸自个儿种的香、自个儿栽的甜,果实相互送,成就大家享。一块小地,长出了生命,长出了爱心,长出了人与人之间的亲密,更是长出了邻里的情趣。我行走在教学楼前的一块空地上,就幻想着变空地为乐园。"教室—厕所—教室",在下课的十分钟,学生最多在教室外墙边无聊地靠着,无处可玩。放学时,学生只是背着沉重的书包在校园里无奈地张望着,无处可玩。玩是孩子的天性呀,让孩子玩,伴着梦想前行!几根木料简单组合,就做成了三座跷跷板,加上两座秋千架,空地成了乐园。跷跷板上你上我下,秋千架上你推我荡。课间十分钟,孩子们争先恐后,玩得乐开了花;放学后,孩子们把书包扔一旁,玩得忘乎所以。玩,成了学校校园生活的组成部分,孩子们玩去了学习的疲惫,玩得了童年的趣味,更是玩出了教育的希望。

(五)受益,社区资源近水楼台

科技开发新城,社区资源丰富,学校享有得天独厚的资源优势。过去学校出门是田,是田,还是田。现在呢,学校周边有感知中国博览馆,有各高校研发所,有科技商务中心,有智慧住宅小区,连菜市场都是全国第一家感知农贸市场,买个青菜,一上计量器,就会显示出菜源、品种、价格、营养价值。开门办学,社区资源不能白白放过。学校就真是近水楼台先得月:一个电话,就有公司精英来科普知识;一个招呼,就可以去感知未来世界。孩子们的视野开阔了,求知的欲望强烈了。学校顺势开展"奇思妙想"人人来的活动,每个学生每周都可以上交一份"奇思妙想"作品,主题或是改变现实生活,或是想象未来世界,优秀作品在全校展出,定期评奖,定期小结。孩子们呀,住上了高楼,心也得跟上呀。

(六)反哺,纯真小手拉紧慵懒大手

拆迁,让部分人富起来了。有人家里拿下几套房,仅靠租金就有一笔可观的收入。对于"不劳而获"的收入,也不太珍惜,于是,家长中无固定职业、天天打麻将的人多起来了,游手好闲的人多起来了。开个家长会,穿着拖鞋来的有,穿着背心来的有,开会时在下面唠叨不停的也有……楼高了,人却懒了,素质不提反降。没有好的家庭环境,教育效果有时会归为零。学校深刻地意识到了这个问题。于是"小手拉大手"活动拉开序幕。学校成立"模拟法庭"到社区巡回演出,让家长观看,效果甚好;学校举办家长礼仪讲座,由学生主讲,家长听得入神,效果甚好;学校进行"家校通"定期短信发送,告知家长具有正能量的知识,效果甚好……纯真小手拉紧了慵懒大手。

四年实践,我和新安中学的同事们一道,渐渐改变着这所学校。我们有射箭队参加全国重点学校比赛,获得了两个全国冠军、

两个全国亚军;我们有教师参加江苏省教师教学比赛获得二等奖;我们有合唱队代表无锡去南京参加比赛;我们有教师被评为江苏省师德先进个人;我们有文学爱好者在市作文比赛中获大奖。冬天下雪,师生必在校园打雪仗;时尚潮涌,师生齐舞《江南 style》……学校小有成绩,社会称誉,百姓称赞。

未来已来,倒逼前行。在前行中,也有难言之隐。

如果在城市化进程中和农村学校转型途中进行有效的择校遏制,把优秀的学生留住,学校的底子好了,变化就会大些。优秀生源流失,是我们这类学校最大的痛处。好学生留不住,不仅仅是因为学校教学水平的相对薄弱,也有择校方面存在买方市场的缘故。城区学校时不时会招揽优秀学生打造品牌,致使薄弱学校更薄弱。所以,加强对择校的遏制,有助于我们这类学校的提高。

如果在城市化进程中和农村学校转型途中进行教师交流及培训的不均衡倾斜,多出现一些骨干教师,学校的支柱强了,变化就会再大些。教师要交流,已经写在法规上了。但在实际操作中,大多数还是在进行等量同质的交换,这除了能完成政府考核数据上的目标任务和满足职称评定的必备条件外,对学校的发展无一益处。交流的目的是推进区域性的均衡,推进均衡是因为现实不均衡,要对相对薄弱的学校进行交流和培训的不均衡倾斜,这样才能帮助我们这类学校提高得更快点。

如果在城市化进程中和农村学校转型途中进行不仅合理而且合情的绩效、职称、评优激励,让教师干得有劲,学校的精气神足了,变化就会更大些。自实行绩效工资以来,感觉学校好管的校长不多了。大多数教师潜意识里认为30％的绩效工资本来就是我的工资,至少我要保本。如果每一个职工想至少要保本,那绩效就起不来了。所以,每年在绩效分配时,总会有一些不好听的话出来,这在各地教育论坛的一些帖子里是可以看出的。同样,职称的评定也是制约学校教师积极性的瓶颈,能评不能聘,不是不需要,是因为名额没有。这些问题的存在,令我们这类学校的教学质量提高尤为艰难,如果有更合情的绩效、职称、评优激励,学校发展就会更顺些。

9.

情理一问：老师，你离教育现代化有多远？

在一次学生评教活动中，我发现学校一名工作勤恳很有爱心的教师，所教两个班的学生对他的评价大都是"比较满意"，而这名教师在过去几届学生中评价非常好，不管是教学态度还是教学方法、教学成绩都是得到学生认可的，过去每次学生评教活动，学生对他都是"非常满意"。我带着疑问，对他所教的两个班的部分学生进行了访谈，终于搞明白了学生对他不满意的地方：学校去年给每个教室配备了液晶投影机，每个教师还配发了笔记本电脑，很快，很多年轻教师上课都用上了，课堂上不时就有一段视频、一段音乐、一段动漫、一幅图画出现，学生学习的兴致很高。而这位老师年纪还不算太大，但就是不善于用这些多媒体进行教学，除了有几节课用多媒体展示了几段文字外，其他时间几乎没用过，而这两个班的其他学科教师用得多、用得勤，且同学科教其他班的教师也有好多人用，所以学生们就只能对他"比较满意"了。

这次"评教"意外事件让我对当前正在紧锣密鼓实施的"江苏省县（市、区）教育现代化建设"工程进行了深刻的反思，我从一个教师本身的角度反问自己：老师，你离教育现代化还有多远？

　　2007 年年初,江苏省委、省政府本着教育优先发展的战略思路,在全省"全面达小康,建设新江苏"的全局性部署中,提出教育要率先实现现代化,决定到 2010 年,确保全省基本实现教育现代化。此后,江苏各个地区都积极行动起来,局部先行,分类指导,分层推进,在这两年内,所有的县(市、区)都在积极按照教育现代化的各项指标抓紧落实,这可说是江苏教育界的一件盛事。我们可以看到,这两年来,各个县(市、区)政府对照教育现代化的各项指标要求,加大了对教育的投入,学校的办学条件得到了前所未有的改善,学校图书室的书多了,学校的实验室全了,学校也有多媒体教学设施了,学校教育物质层面发生了很大的变化。但教育的现代化,归根结底是人的现代化,作为学校教师,我们离教育现代化到底还有多远呢?

(一)对教育现代化的内涵缺乏全面明晰的认识

　　很多的教师认为,教育现代化最主要的内涵是学校条件好了,可以用上现代化的教学手段进行教学,过去教师用嘴说的东西、用粉笔画的东西,现在可以通过多媒体课件来展示给学生看,省劲了。教育现代化与教师本人好像没有多大联系,教师只要会用现代化的教学设施就行。这是教师对教育现代化的片面认识。

　　北京师范大学的顾明远教授在江苏召开的教育现代化的咨询会议上指出:"什么叫教育现代化? 教育现代化是建立在现代科学技术基础上,以先进的教育理论为指导,能够满足全民学习需要的教育活动。"并指出教育现代化应体现现代教育的普及性和民主化、现代教育的科学性和信息化、现代教育的多样性和终身化、现代教育的开放性和国际化、现代教育的超前性和素质化等特征。

江苏在探索苏南教育现代化经验的基础上,又提出教育现代化的 6 个层面:一是教育观念的现代化;二是教育发展水平的现代化;三是教学条件装备的现代化;四是师资队伍建设的现代化;五是教学体系的现代化;六是教育管理的现代化。从教育现代化的各个因子进行综合的分析,可知教育思想的现代化,是教育现代化的前提;教育制度的现代化,是实现教育现代化的关键;学校课程教学方法和学习方式的现代化,是教育现代化的核心,也是教育思想的具体化;教师队伍的现代化,是教育现代化的根本;教育技术的现代化,是教育现代化的基础;教育管理和教育评价的现代化,是教育现代化的保证;人的现代化,是教育现代化的归宿。教育现代化是在社会主义现代化进程中逐步实现的教育系统和教育制度的全面进步的历史过程。其核心是培养适应 21 世纪需要的社会主义建设者和接班人,归宿是实现人的现代化。

(二)对教育现代化的规律缺乏正确科学的理解

在很多教师看来,教育现代化似乎是一夜之间就实现了,学校多了几幢楼,教室设备里多了几样现代化的"武器",仅此而已。教师没变,学生没变,课堂没变,教材没变,师生关系没变,学校管理没变。到头来,就出现了学校图书馆的图书蒙上了灰尘,学校的操场还是那样鲜亮,实验器材成了摆设,课堂上教师仍然在滔滔不绝,课后学生仍然在题海中作战,真如同西装革履的乞丐守着金的银的饭碗在向路人求财。教师对教育现代化的态度有些漠然,年长的教师执着于传统教学法,一支粉笔一本书,从课前讲到课后,年轻的教师也只是把原先写在黑板上的东西用投影的方式表现出来,学校面貌换新颜,师生精神仍依旧。人的现代化并没有实现,教育现代化成了水中月亮、空中楼阁。

实现教育现代化是要遵循科学规律的。根据历史唯物论的一般原理,结合教育系统本体内各种矛盾的性质特点,教育系统本体内存在着四种性质不同的基本矛盾运动或基本联系:一是教育者、受教育者与物质形态的教育媒介之间的矛盾运动,即教育生产力方面;二是教育者与受教育者之间、教育者相互之间及受教育者相互之间的矛盾运动,即教育关系方面;三是教育生产力与教育关系之间的矛盾运动,即教育方式方面;四是前一个教育过程与后一个教育过程之间的矛盾运动,即再教育方面。相应地,从存在的不同范围来看,教育本体系统中存在着教育生产力规律、教育关系规律、教育方式规律和再教育规律。因此,严格说来,教育本体系统的现代化与这四类本体方面的规律密切相关。

1. 教育生产力要遵循教育生产力规律,才能实现教育现代化

教育生产力通俗地说就是指"培养人才的实际能力",它反映了教育过程中人(包括师生)与物之间关系的范畴。教育过程中教育者、受教育者与教育媒介之间的特殊矛盾运动及其本质性联系的必然趋势就是教育生产力规律。从"劳动"的角度上讲,学校生产力实际上就是(学校内)教师劳动生产力的集中表现。学校教育者(主要是教师)的平均业务熟练程度、教育科学的发展水平和它在学校教育教学过程中应用的程度、各具体教育教学过程的社会性结合、教育媒介的数量规模与技术效能,以及学校的自然条件、受教育者或学生的主观能动水平等都被当作学校生产力的要素。显然,上述诸要素的现代化直接构成了整个"学校生产力"的现代化。学校生产力系统中人的方面与物的方面之间相互作用的本质性必然趋势就是学校教育生产力规律。

对学校来说,良好教育效益的取得离不开严格遵循学校生产力规律,即离不开要素在质量、数量、时序和布局四方面的最佳匹配。所以,随着教育现代化的推进,学校办学条件得到了相当大的改善,不少学校不惜重金配备了先进的电子化教学硬件设备,本应能显著地提高教育劳动的效率,但实际上远未实现这一愿望,其原因关键在于教育软件的开发和供应不配套,或是学校不愿或无力再耗费重金配齐软件,或是缺乏技术熟练、认真负责的操作和维修保养人员,或是教师们习惯于传统手段而不愿意充分运用这些先进设备,或是管理不善,这是相当可惜的。由此可见,学校教育生产力的现代化意味着严格遵循学校教育生产力规律,取得学校教育效率的最大限度的提高。

2. 教育关系要遵循教育关系规律,才能实现教育现代化

在教育过程中,为了达到教育活动的具体目标和最终目标,教育者与受教育者之间、教育者相互之间及受教育者相互之间产生了矛盾运动,即教育关系。这种矛盾运动的本质性必然趋势就是教育关系规律。教育关系规律决定着教育过程中人与人在教育利益上的矛盾表现,并通过对教育利益的不同规定决定了教育的社会性质,以推动或阻碍教育生产力的发展。根据教育关系的构成特点,教育关系规律自然包括师生关系规律、师师关系规律和生生关系规律等三类。教育关系的现代化意味着严格遵循教育关系规律,使师生关系、师师关系和生生关系得到最佳处理。

3. 教育方式要遵循教育方式规律,才能实现教育现代化

在教育活动中,教育生产力和教育关系不可能彼此独立存在。它们统一成教育方式。在教育系统本体内的各种联系中,教育生产力和教育关系这两个方面的相互作用构成了教育系统本体内另一种性质的联系,这种相互作用的本质性必然趋势就是教育方式规律。在当今的时代条件下,教育方式一般有两类,即个别教育方式和集体教育方式。所谓"个别教育方式"就是指在普遍采用班级教学形式这一背景下的个性培养方式,其规律至少有"因学生个性发展倾向施教的规律""因学生学习独立性强弱施教的规律"等;而"集体教育方式"就是在班级教学中使学生们达到共同要求的培养方式,其规律有"因学生特定年龄阶段学习独立性的一般水平施教的规律""通过榜样示范促进后进生上进的规律"等。显然,实现教育方式的现代化必然要求严格遵循教育方式规律。

4.再教育要遵循再教育规律,才能实现教育现代化

教育不是某一个简短的过程所能完成的,关于个体受教育阶段的划分也越来越精细,任何人只要有主观上的受教能力和客观上的受教需要与条件,就都不能停止受教育的过程,社会为了持续发展也不能中断教育活动的连续开展。显然,各个教育过程的相继开展就构成了再教育过程,各个教育过程之间的相互作用构成了教育本体系统中一类具有新性质的联系,这种各个相关阶段的教育过程之间相互作用的本质性必然趋势就是再教育规律,再教育的过程必须遵循再教育规律。

(三)如何来适应教育现代化的需要,融入教育现代化的整个系统

1.确立终身学习的观念,促进教师本身的专业发展成长

教育现代化是一个动态的教育发展过程,教师是实现教育现代化的主体,教师必须不断地进行学习,更新理念,学会随着时代前进不断更新各种教育教学技能,摸准现代社会发展前进的脉搏,

适应学生学习的需要。传统的说法"学生要一碗水,教师要有一桶水"已变为"学生要一碗水,教师要是长流水","长流水"就是要求教师进行终身性的学习,让自己的专业发展成长与社会发展相适应。在当前教育现代化积极推进的过程中,我们教师不能闲坐,而要积极主动地投入学习中去。一是要学习各类现代教育技术。要掌握电脑的使用方法,掌握课件的制作方法,掌握教室内各种现代教学设施的使用方法,学会使用各类电子教学平台。放着教室内的多媒体教学手段不用,硬是用一支粉笔打天下,学生当然会不满意了。二是要学习各种现代的教育教学理念。要了解教育教学方式的变革,要知悉最新的教育教学观念和方法,要学会在继承传统中进行创新,要能在现代教育理念下运用现代教育技术去完成教学的任务,去实现教育教学的目标。三是要学习专业学科的知识。专业学科知识是在不断更新的,人文天地世界浩大精深,科学空间领域深邃奥妙,在人类的不断探索中,世界更加精彩纷呈。教师教学的任务就是向学生传播先进的科学文化知识,如果教师自身不能及时学习、更新专业学科的知识,哪能去引导学生学习呢。

2. 确立以生为本的观念,着眼于学生的未来,促进学生的全面发展

前面讲了,教育现代化最终是人的现代化,人的现代化是教育现代化的归宿,其核心是培养适应 21 世纪需要的社会主义建设者和接班人。作为教师,一定要树立"以生为本"的观念,着眼于学生的未来,促进学生的全面发展,这才是教育现代化的根本。"以生为本",教师要做到四点。一是要充分尊重、信任学生。"以生为本"理念,无疑要求教育突出"人文关怀",把学生当作有思想、有感情、有权利、有尊严、正在成长中的活生生的人来看待,要求教师充分尊重学生的人性、人格、人权,对学生应增加信任、理解和宽容,建立人道的、和谐的、民主的师生关系。在《江苏省中小学管理规范》里,明确指出要"尊重学生人格,不歧视、侮辱、体罚和变相体罚学生,维护学生的合法权益"。在《中小学教师职业道德规范》里同样有具体的要求:"热爱学生。关心爱护全体学生,尊重学生人格,平等、公正对待学生。对学生严慈相济,做学生的良师益友。保护学生安全,维护学生合法权益,促进学生全面、主动、健康发展。不讽刺、挖苦、歧视学生,不体罚或变相体罚学生。"当今面临学业重负的学生更多的是期望得到教师的理解、信任和尊重,而我们教师确实应当把学生作为平等的主体加以尊重,保护学生的自尊心,促进学生的心理健康水平提升。这也才能真正在学生心目中树立起教师的威信,促进师生关系的发展,有利于教育的成功,有利于教育现代化的实现。二是要全面了解、关爱学生。要做到以生为本,全面促进学生成长发展,还得要全面了解学生,关注学生的方方面面。如果教师不了解学生,就无从谈关心、关爱学生,接近学生,更无从谈帮助学生全面发展。长期受应试教育的影响,一些教师只关注学生的文化成绩,而不关注学生的身心健康;只关注自己的课堂,而不关注学生的课外;只关注学生对自己如何,而不关注学生对他人怎样;只关注学生的眼前,而不关注学生的将来等。这都不符合学生全面发展的要求。教师教书育人,不仅仅是传授知识,还要以育人为先,促进学生德、智、体、美、劳全面发展。为此,只有全面了解、研究各具特色、千差万别的每一个学生,才能有针对性地塑造每一个学生,使每一个学生都能扬长避短,知识体系和人格得到不断完善,得到发展,才能实现人的现代化。三是尽心尽职、服务学生。在倡导"以人为本"的今天,教师更要心系学生、服务学生,要有诲人不倦、无私奉献的精神,努力提高职业道德。只有塑造好、服务好每一个学生,教师呕心沥血、尽心尽职做好本职工作,才算把学生的发展摆到了第一。四是坚持依法教育学生。"以生为本"不是一味地迁就学生,而是要帮助学生健康发展。教师教育学生时的行为、举止、内容、权益等不得与国家各种法规相冲突、相违背。同时要让学生最基本的一些权益,如受教育权、人格权、人身权等得到应有的保护。同时,教师自己更应做到依法执教,要多多了解《中华人民共和国宪法》《中华人民共和国教育法》,尤其是《中华人民共和国教师法》的内容,经常反思自己:是否遵守了法律和职业道德,做到了为人师表;是否尽心尽力提高了教学业务水平,完成了教学任务;是否关心爱护了全体学生,尊重了学生人格,促进了学生德、智、体等全面发展;是否有侵犯学生合法权益或不利于学生健康成长的行为等。从而确保依法执教,当好称职的人民教师。

3. 确立强调合作、淡化竞争的观念,建立教师成长共同体

教育现代化是一项系统工程,每个教师个体都是这项系统工程中的重要因子,而这些因子的相互合作对于教育现代化这项系统工程的实施起着枢纽作用。在传统的学校管理中,过去强调教师间的相互竞争,各种针对教师的考核指标无不是从量上对教师进行定性,最终的导致结果就是教师间的相互竞争,比及格率、比优秀率、比升学率,所有的评先评优都与能量化的考试成绩挂上钩。最可悲的是,教师所教班级成绩的排名,让教师间失去了应有的合作,人与人之间甚至失去了相互的信任。而教育现代化要求教师强调合作,淡化竞争。因为教育现代化着眼于人的发展,人的发展不仅指学生,也指教师,人的发展不仅是人个体的成长进步,

更是一个群体的共同成长,要求建立成长共同体。对于一所学校而言,学校教育的现代化,对教师的群体素质要求高,要求通过快捷的信息平台,让教师相互学习、相互促进。网络论坛、网络部落、QQ 群等现代传媒平台就能够促进教师间的相互交流、相互合作,最终的结果就是教师在群体里得到了成长,整个群体也得到了成长。

4.确立科研兴师的观念,努力实现教育家教学

教育现代化实施的瓶颈在于用"新瓶装老酒"。一个没有科研能力的教师是融入不了教育现代化中的。设想,作为一名教师,你虽然在用现代的教育手段进行教学,但你不会启发,不会引导,不会从学生的认知规律出发,不会从学生的心理角度思考,不懂让课堂有效运行的方法,说穿了,你不是科研型的教师,你只能被动地呈现图片、视频、动画,学生失去了有效的思考,课堂没有了激情,那就是无效的学习,是培养不出社会所需要的人才的。在近期参加的一次教研活动中,十个教师进行公开教学活动,一名教师没有用多媒体教学,另九个教师都用了,最终评委给了这名没用多媒体教学的教师最高分。我觉得这是一种悲哀,更是一种警示。提醒我们,现代教育手段只是手段不是目的,只有科研型的课堂者才能呈现最优的课堂。所以,我们教师要学会进行教育教学的科学研究,要能准确运用教育教学的科学规律进行教育教学活动,要能从学生成长的科学规律去引导学生成长进步。做教师,就要努力做教育家,如果实现了教育家教学,那教育现代化就离我们不远了。

10.

情理二问：教师培训应"培尖"还是"补差"？

现在的教师培训，大多是针对骨干教师的培训，我想说句又痛又痒的话：教师培训不应只是"培尖"，更应"补差"！

水桶容量的大小取决于最短的那块木板，只有将"最短的木板"补高，水桶的容量才能变大。当前各类中小学校的"教师培训"也如此，只有将"后进教师"也"补高"，学校整体教学水平才能提高。

近年来的教师培训可谓开展得风风火火，从国培到省培到市培，再到学校的校本培训，可以称得上"三多"：品种多，人次多，花费也多。细看这些培训，应该分两种：一种是通识培训，像公修科目的培训学习；另一种是骨干培训，这个不用细说，从中央到地方，各类骨干教师的培训林林总总，"培尖"多不胜数，但基本上没见到过针对"后进教师"的"补差"性质的培训，没见过"回炉"性质的教师培训。

学生遇到一个好老师，不一定就能成就一生，但遇到一个坏老师，一定会毁了自己一辈子，可见一个坏老师对学生的影响有多大。那对教育的发展来说，我们更应该重视教师的"补差"，而不只是"培尖"。当前"补差"性质的教师培训不多,其原因其实与"学生补差"培训不多如出一辙。

一是组织者心理上不想"培训"。做老师的都知道,谁都想教好学生,差学生难教,教差生吃力不讨好。教师培训也是如此,搞"教师补差",绝对是吃力不讨好的事,且一时半刻见不到效果,所以组织者心理上当然是愿意"培尖",既风光,见效又快。

二是学校"钱要用在刀刃上"。学校的培训经费都是有限的,有限的经费还是要先让骨干教师培训,因为骨干教师培训效果好,培训经验立刻能用,让需要"补差"的教师去培训,不一定能迅速见效,又费钱。

三是教师自己"懒得去"。这类需要补差的"后进教师"碍于面子本身也不想去培训,就像没几个差生愿意自己报名去补课一样,他们"懒得去",能不去就不去,实在要参加些培训,也基本是坐着打瞌睡的那种。

水桶容量的大小取决于最短的那块木板,这个道理已广为人知。如果站在教育的世界里说,考量一所学校的优劣,绝对不在于培养优秀学生的数量,也不在于学校学生总体素质的平均水平,而在于有没有学生因为遇到一个"差老师"而失去了学习甚至生活的信心。所以对于"差老师",我们要"补差",要建立自上而下系统性的"教师补差"培训计划,要拿出更有力的措施进行"补差"培训,要建立硬性的教师"补差"制度。只有将"最短的木板"补高,水桶的容量才能变大,只有将"差老师"们都培优,学校整体教学水平才能提高,教育才真正有全面的科学的发展。

11.
情理三问：学生的内需，你关注了吗？
——走进去，才能听到花开的声音

  时任江苏省教育厅厅长的沈健在多次会议上说过这样的一件事："我在某市基层一所小学调研课业负担问题。在学生下课时，随便问了一个孩子：'刚才上了什么课？你最喜欢什么课？'本来是想了解学生的学习兴趣所在，结果孩子的回答令我很惊讶。他说：'我最喜欢下课。'"媒体曾以《"最喜欢下课"震动教育厅长》为题做了相关的报道。其实，"最喜欢下课"岂止是震动了教育厅长，那是对整个基础教育的一声警钟，所有教育人、整个社会都要反思，我们的教育现在怎么了，为什么我们的孩子对"上课"的厌烦到了这个地步。

  在政府层面上，教育现代化在不断地推进，教育教学的条件在不断改善，对教育的投入逐年在增加；在教师层面上，国家、省、市、县（市、区）的各类培训周而复始，教师待遇也在不断提高；在社会层面上，全社会对教育的关注程度、重视程度越来越高，为教育出谋划策、支持教育发展的人越来越多。更值得一提的是，教育的改革进行了一轮又一轮，在改革中也涌现了一批又一批的改革专家和教育名师,也出现了一批又一批的中国名校。那为什么孩子在受教育过程中的幸福指数越来越低了呢? 这真的值得我们去思考。

办人民满意的教育,这里的"人民"绝大多数情况下,是指领导和家长。领导看的是学校的品牌打得响不响,家长看的是升学率高不高。在这样一个"人民满意"的指导思想下,学校自然会把办学的目标瞄准在领导的意图和家长的心思上,学生呢? 学生自然成了学校完成这样目标的一个载体,学生的"成就"成就了学校"人民满意"的目标。

然而,学生应该是教育真正的主体。人民满意的教育,主要还应该体现在让学生满意上,教育的好坏,真正的评判者应该是学生。办学生满意的教育,是教育的本质。而当前,我们的教育却忽略了学生,至少,我们的教育教学行为,忽略了学生的感受,没有从学生内需出发去设计我们的教育,所以学生学习的幸福指数低了,学生最喜欢的是"下课"。因此,我们每一个教育工作者在施行自己的教育教学行为时,都要问自己一句:学生的内需,你关注了吗?

这正如有人打的这样一个比喻:鸡蛋,从外面打破时是食物,从里面打破时是生命。学生的学习,如果能从里面打破,成就一种学习的欲望和力量,那学生收获的就不仅仅是知识、能力,更是一种生命的成长和升华,那也是我们对生命的一种尊重和敬畏。

一花一世界,一树一菩提。每一个学生都有一个内需世界。而这内需世界,却并不为我们教师所知。可以这样说,很多教师的备课笔记上的学情分析,都是很主观的,或仅是根据学生作业的正确与错误来推断的。我们老师所谓的对学生的了解,也可能是因为某个学生犯了这样那样的错误,在与学生进行沟通、对学生进行教育时,才多多少少了解一点学生的内心世界,所以就出现了"几十年后,班级里最调皮的学生和成绩最好的学生,教师一般印象深刻,而排名中间的,教师一般记不得"这样的现象。出现这样的状况,大都是因为教师的工作精力集中在备课、讲课、批改作业上,而没有系统、科学、规律性地去了解学生。这就要求教师做教育的有心人,全面科学地了解学生的内需状态。

了解学生的内需状况,要求教师掌握全面的教育学、心理学知识。教育是有规律的,学生身体和心理成长也是有规律的。培养学生,要按教育规律进行,这样学生才能科学发展、健康成长。这就要求教师掌握教育学、心理学的知识,做一个合格的教育工作者。掌握教育学心理学知识,不仅仅是知晓,更重要的是会灵活运用到教育教学实践中去。

了解学生的内需状况,要求教师掌握科学的调研方法。了解学生的内需,不仅仅是靠一次谈话就可以完成的,而是要靠科学、系统、综合的调研方法来完成。教师要学会问卷调查、作品分析、访谈、课堂观察,了解不同学生的需求,分析学生共性、个性的发展需求。

了解学生的内需状况,要求教师学会扮演相关的生活角色。教师要会做一个静静的观察者。教师看到的不应该只是学生的作业和听课的姿势,教师要时刻关注学生的表情、行为和言语,时刻观察,科学分析,用心思考,这过程需要教师处在静静的状态中。只有静静地观察,才能看到真实的东西;只有静静地观察,才能有自己的思考和分析。教师要会做一个平等的倾听者。平等很重要,只有平等,学生才有话对你说,才敢把话对你说。因此,很多学校里就涌现一批像卢勤这样的"知心姐姐"。教师要学会做一个热心的参与者。参与活动，就是教师把自己当成其中一分子，教师是这样想的，学生更是这样想的，在学生眼里，活动中的教师就是自己，学生会从敬畏中走出来，会把自己的东西表露出来与教师分享，这就便于教师更深入地去了解学生的内需，了解学生伟大的内需世界。教师要学会做一个谦虚的咨询者。其实，有时学生的内需，我们教师真的并不懂，正如一句电视剧台词"我不懂你的喜欢"，在这样的情况下，我们都要做一个谦虚的咨询者，向学生学习，也是一种学习。教师要学会做一个积极的家校沟通者。学校、家庭、社会，三者为一体，共同构成了学生成长的立体的空间，每个学生的家庭都有不同的境况，积极与学生家庭沟通，就可以把调研做得更全面更充分。教师要学会做一个有恒心的个案跟踪者。对具体的学生，特别是一些特殊的学生，内需是不断变化的，不同的阶段有着不同的世界，学会进行个案跟踪，更有利于调研的持续性和科学性。教师要学会做一个敏锐的发现者。在了解学生内需状况时，一定要敏感，学生的身心发展过程中必然会有一些表面的东西模糊我们的视线，作为调研者，要"提高警惕"，勇于发现，这样才能识得"庐山真面目"，才能真切了解学生内需，有针对性地发展学生，促进学生进步。

12.

情理四问：期终了，教师写总结给谁看？

年终岁末，到了写总结的时候。在学校里，一般都是学校要求每位教师总结一学期或者一年的工作，列出成绩，说出不足，拿出改进措施，展望来年目标。总结是交给学校的，学校领导看一看、评一评，以此作为对教师评价的一个依据。这样的总结当然是例行公事，没有多大效力。笔者认为，教师的年终总结应该写给学生看看，让学生知道教师一学期来、一年来工作的完成情况和工作的感受体会，让学生来评一评教师的总结是否恰当。这样的总结可以分以下几部分写。

（一）写工作的表现

写出一学期来或者一年来教师完成教学任务的情况、执行教学常规活动的情况、进行教学研究的情况，教师要让学生知道一学期来或者一年来自己是如何认真完成教学任务的，是如何严格执行学校教学常规的，是如何进行教学科学研究的。这样写可以让学生认识到教师工作的辛苦，体会到教师工作的勤劳，使学生更加尊敬自己的老师。

(二)写工作的成绩

写出一学期来或者一年来教师的工作对学校的意义、工作成绩是什么样的水平、受过多少次的表扬和奖励,这样写能让学生享受到教师收获的喜悦,使学生对自己的老师更加敬佩。

(三)写工作的不足

写出教师对自己工作的反思,反思工作态度,反思教学方法,反思教学研究,让学生知道自己的老师今后还会在哪些方面进行改进,使学生在今后的学习中知道可以在哪些方面对老师进行提醒、和老师进行配合。

(四)写学生的进步

这一点很重要,要写出通过一年来教与学的配合,哪些学生在哪些方面进步了,让学生知道,自己的进步,老师是知道的,这样学生学习的积极性就会更高,学习也会更自信。

(五)写工作的感受和体会

教师写出一学期来或者一年来工作的感受和体会,从工作的情感变化和理性思考上总结在当前新课程实施中教师的最新感受和对教改的思考,写出对学生学习方法变革的想法,让学生知道"我们应该怎么学才是对的",使学生在教师的总结中也进行自我总结,也在思考,这样的期终总结才真正实现了"双赢"。

第三编

世界行走的"情"与"理"

1.

向前一步

朱厅长不认识我，我其实也不认识朱厅长，只是偶然在一次新闻报道中看见过他的影像。

开班仪式结束后是所有学员拍合影照，大家在整队时，朱厅长在和一位熟悉的校长闲谈，我离他五米远。我就向前靠一步，在他们两个人没说话的瞬间，我上前一步，伸出手，满脸笑意，声音洪亮："朱厅长，您好！"在他的诧异中，我自我介绍："我是新安中学的，朱厅长有空回家乡指导工作。"朱厅长接过话："新安中学呀，离硕放不远，我去过，学校还在那里吗？""学校 2008 年易地新建，政府投入一个多亿建成一所现代化的新安中学，校园很美丽……"简短的介绍，朱厅长听得很认真，表示有机会一定来学校看看。

朱厅长不一定记得我，但会记得新安中学已经不在老地方了。新的新安中学是一所现代化的美丽学校，相信有机会，朱厅长会来新安中学的。介绍一下，朱厅长是无锡硕放人，江苏省教育厅副厅长，分管基础教育。

我记下这事，只是勉励自己，向前一步，机会就有。

开会或听讲座时，我总会鼓励自己坐前面。坐前面，人家看着你，你不好意思不专心，能听到东西；坐前面，可以与专家领导时不时有目光交流，熟悉的，会增加感情，不熟悉的，目光交流会让彼此亲切起来；坐前面，如果有发言机会，能讲的可能性会很大，自己的想法会得到表达；坐前面，在休息时，可以与专家近距离交流，要个电话或微信方便，朋友大多是这样认识的。所以，我以为，坐前面，其实就是"向前一步，机会就有"。

在生活和工作中，会有很多"向前一步，机会就有"的事。诸如，在工作中，向前一步，主动要事做、找事做，就有成功的机会，就有展示的机会；在生活中，向前一步，主动与人示好，对人友善，知己朋友就会有，生活也会很美好；就说青年男女，不"向前一步"，《非诚勿扰》哪会如此热闹？

而事实上，很多时候，我们会躲在后面，祈祷别人最好看不见我；很多时候，我们会绕道而行，想着别人最好碰不到我；很多时候，我们只会"呵呵"，甚至"呵呵"都没有。"潜水""隐身"，从不敢说到不想说到最后是不会说，花开花落，云卷云舒，与他无关，说是淡定，实为麻木。

"向前一步，机会就有"，告诉我自己，也告诉我的朋友、我的孩子，赶紧迈开那曾经犹豫不决的腿吧，长腿的目的不仅是站立，造船的目的不是停泊，凡事，向前一步！

2.
中

　　"中"字清澈如水,有浩然正气,刚直不阿,不偏不倚。中原,中华,中国,"中",成了国家之根基、民族之基因、文化之精髓。

　　"中",为中国之哲学。中庸之道,为人处世当恰如其分,既不能"不足"也不能"过分"。《中庸》原文对"中庸"的定义如下:"喜怒哀乐之未发,谓之中;发而皆中节,谓之和。中也者,天下之大本也;和也者,天下之达道也。"意思就是人的内心没有发生喜怒哀乐等情绪时,称之为中;发生喜怒哀乐等情绪时,始终用中的状态来节制情绪,就是和。中的状态即内心不受任何情绪的影响,保持平静、安宁、祥和的状态,它是天下万事万物的本来面目。而始终保持和的状态,不受情绪的影响和左右,则是天下最高明的道理。

　　由"中"字,我想起了教书育人。教师对学生的管理严与宽,学生承担的负担轻与重,学生成长的圈与放,都得一个字来解决——"中"。"中",不是和稀泥,不是糊糊乱①,"中"是一种把握,是一种和谐。怕负担重,就去除要背要记的古代经典,那不是"中",是

---

　　①　方言,意为"马马虎虎"。——编者注

"割"，割的是国家根基、文化基因、民族魂魄。"中"的做法是不强记不死记，在于朗朗上口，在于心领神会，在于信手拈来。这样让经典在趣味中渗入魂灵，就能成就基因。"中"，就是把快乐洒到辛苦里，把趣味融入劳累中。

由"中"字，想起为人为事。遇到不顺的事，一定不开心；遇到不喜欢的人，一定很讨厌。用"欣赏别人的长处是一种能力"改变自己的情绪，用"生发自己的思想是一种快乐"鼓励自己，这就是我理解的"中"。杨绛先生百岁时说，世界是自己的，与他人无关，"中"隐在其中。

由"中"字，想起自己。父亲识字不多，但给我们兄弟姐妹五个取的名字里都有一个"中"：中和、中林、中志、中意、中群。或许父亲是想用笔画简约的"中"帮我们度过复杂的人生吧。

安徽教育厅的李明阳先生给我们的报告中说到了"中"，由此便有了以上随想，且记之。

3.

两份简介

　　参加了由教育部中学校长培训中心主办的教育变革研讨会，研讨会的主题是"激发学生潜能"，会议由上海市奉贤中学承办，适逢学校百年校庆，学校中一派喜气洋洋的景象。

　　与会来宾都拿到一本手册，翻开手册，里面有两份简介引起了我的注意。

　　艾玛·泰勒夫人担任布雷肯基督学院校长已 7 年，此前曾在英国多所寄宿学校工作，她学术兴趣广泛，在牛津大学学习了政治学和经济学，在学术生涯中，她教授过经济学和哲学，但她对语言和科学情有独钟。泰勒夫人本人 8 岁时就读寄宿制学校，她非常热衷于支持寄宿制学校的发展。她本人是 BSA（寄宿学校协会）代表及 HMC（英国校长联合会）成员。她也是专门为小孩提供独立寄宿和日教的两所学校的负责人。她认为培养信心和人际技能（比如团队合作和交流等）是寄宿制学校的关键强项，并提倡在寄宿制学校创造机会，让学生在运动、艺术和拓展训练活动中能出类拔萃。自担任基督学院校长以来，泰勒夫人一直特别关注与伙伴学校，特别是中国的学校建立国际友好关系，增进理解。她尤其重视确保学生为 21 世纪全球化的世界做好准备，不同民族和文化之间的相互了解不仅在教育上，也在商业贸易上。泰勒夫人有两个女儿，其中一个将在大学学习现代汉语课程；她的丈夫西蒙也是一个语言学家。泰勒夫人在休闲时喜欢音乐、戏剧、解《纽约时报》的字谜和遛狗。

沈茂德，江苏省天一中学校长，全国劳动模范，享受国务院政府特殊津贴，江苏省地理特级教师，江苏省首批教授级中学高级教师。他是江苏省第十一届、十二届人大代表，中国创新人才教育研究会副会长，中国人才研究会超常人才专业委员会副理事长。沈茂德长期从事高中地理教育教学、资优教育、学校管理研究。他有100 余篇论文发表于国家、省级核心报纸杂志，出版了专著《播种者的期盼与困惑》《窗内窗外》《教育，真的不能简单》。他曾上百次在全国、省市各种教育论坛上做主题报告。

艾玛·泰勒夫人的简介，是在描述她的经历和想法，最有意思的是，还描述了她的家庭和她个人的生活，最后一个词"遛狗"，好像让我们看到了一个美丽的女人，或许穿着今秋流行的衣衫，和她的狗嬉戏于一片绿茵之上、徜徉于林间小道之中。这份简介，让我们看到的不仅是一个有思想的校长，还看到了一个女人，一个有生活的女人，一个有情调的女人。

沈茂德校长的简介，是在表达他的卓越，描述是真实的，也更中国化。或许我们听到的和看到的专家简介大都是如此，表达身份，表达业绩。从特征性的文字中，我们看到的仅是一位有学问的校长、有贡献的校长，而看不到沈茂德校长的幽默，更看不到沈茂德校长的情调。

忆起在加拿大学习时，给我们授课的教授或校长，都会在开场时说起自己的家庭成员,把家庭成员带给他的喜悦或趣事分享给我们,当我们听了后用力给他鼓掌时,他真的十分开心,连连说"Thank you"。

或许,这是地域风格的不同,他们开放,我们内敛。但如果从教育的角度看,还是一个"人"字。

因为有"人",在他们眼里心里,校长,首先是"人",然后才是"校长"。校长是充满着人情世故也有七情六欲的人。女校长是女人,喜欢音乐、喜欢戏剧、喜欢字谜、喜欢遛狗,有她爱着的可爱女儿,有爱着她的丈夫。校长是生活中的人,也就会从生活中来引导孩子的成长。

因为无"人",在我们眼里心里,校长,就是一把椅子、一个公章,威严有权。对于名校长,刻板的印象就是晚上还在看书,研究学问、研究管理的人。我们不知道,校长会喜欢音乐吗?会喜欢旅游吗?会遛狗吗?因此,就出现了小学一年级的学生在厕所里看到自己的老师时竟回家大哭起来:怎么神圣的老师也会和凡人一样蹲厕所呀?这是个笑话,但我们在上学时,确实一直想窥视自己的老师或校长工作之余的生活,有点信息,就会像哥伦布发现新大陆一样,在同学中间神秘地传来传去。说穿了,就是没把校长当"人"。

当然,这样的情况现在有所改观。慢慢地,大家也开始称校长为"哥们"了,不仅是心理距离近了,更是校长的角色生活化了。

再看看沈茂德校长,他让学生在校园里养羊、养鸭、养乌龟,学校里还有小麦、油菜、黄瓜田,我们可以看出沈茂德校长不仅是一个校长,更是一个生活感极强的人。期待下次再看到沈茂德校长的简介时,里面有这样的话:

他会说相声，能唱京剧，拉起二胡来让人如痴如醉；他喜欢小动物，爱田头作物，能讲很多农家生活的故事；要是偶尔喝上一两黄酒，就会脸红到耳根。

哈哈，随感而已，沈茂德校长也认不得我。

4.

慢慢长大

　　在菜市场上挑西红柿时,我总会不喜欢特别红的那种,那种红说是因为打了催熟剂才有的。因为心底的恐惧,每当看到那种透红透红、泛着光亮的西红柿时,我总想象是一个红红的疮,上去一刀子,就会流出来恶臭的脓血。

　　来自十几个国家的三百多个校长齐聚在上海市奉贤中学,研讨"激发学生潜能"这一主题。各国都选派了校长代表表达了自己的观点和自己学校的做法。在聆听中,我发现一个很奇怪的现象:讨论基本可以分两派,一种是在不断质疑,教育的本源是什么? 潜能是什么? 为什么要激发学生潜能? 一种是在不断展示他们是怎么激发学生潜能的。中国的校长大都是在展示他们是怎么做的,而英国、法国、澳大利亚等地的校长大都是在表达自己的疑问。下午的论坛,法国的校长第一个发言,她很直截了当地说:"为什么要激发学生的潜能? 我们先弄清楚这个问题再说。"

　　为什么要激发学生的潜能? 貌似这不是本次研讨会的重心,与会的各位校长可能最希望听到的是怎样激发学生的潜能,希望能学到具体的做法,回去可以借鉴到自己的学校工作中去。

但从其他国家校长的表达中，甚至从主持人华东师范大学高级研修院副院长张俊华博士的现场主持中，可以感受到，深入思考"我们为什么要激发学生潜能"远比"我们怎么激发学生潜能"重要。

瑞士心理学家荣格在临走前对他的徒弟说，你连想改变别人的念头都不要有。这不得不让我们重新思考，我们为什么要激发学生的潜能？

人的生命是一个过程，不过百年。没有一个不识字的人会在百年之时痛哭自己认不得几个字，也没有一个满腹经纶的人在百年之时会为自己掌握了知识而兴奋。每个人活着的姿态都是不同的，每个人幸福和痛苦都是不同的。《龙在少林》里有一句台词："你是做什么的？我是做别人觉得没意思而我觉得有意思的事的人。"这话很有意思，我就是我，不需要与别人相同。

这次研讨会上，中外校长引用得最多的话是德国哲学家莱布尼茨说的"世界上没有两片完全相同的树叶"。尊重个性、尊重个体、尊重规律，或许是对激发潜能最好的理解。

在英国的校长发言中，通篇没有"激发"一词，他用的是"释放"，我以为，"释放"或许更为准确。释放表明孩子的能量与生俱来，但会有正负能量之分，如何让正能量释放出来，如何压抑住负能量，思考针对这两个问题的做法更有意义。

有时会这样想，五年级的学生一定会做三年级时不会做的数学题，而我们可以想象，当他在三年级时，可能会把那么难的数学题看作一座大山，以为自己永远过不去，而事实上，长了两岁之后，那就不是事儿。当我们听到西方初二的数学还没有我们小学四年级的数学难的时候，我们不能认为我们超过了他们，或许，我们是

被打了催熟剂的西红柿,别看红通通的,只要一刀下去,就会有满
地的脓水!慢慢长大吧,别急,九个月会跑的孩子和十八个月会跑
的孩子将来一样都会爬山。

5.

上学路上

记得上小学和初中时，"上学路上"作为作文题目，曾多次出现过。那时，写过上学路上做好人好事，上学路上看蚂蚁搬家，上学路上抓蝈蝈蟋蟀。其实那时的上学路上，远不止这些，下河爬树，偷瓜摸菜，打狗撵鸡，都有。那时，我家离学校近，曾非常羡慕家离学校远的同学，因为他们在路上走的时间长，可以玩很长时间。

如果现在再以"上学路上"为题，让学生写作文，可能会有很多学生一脸的茫然，他们没有上学路上，几乎所有的上学路，都是窝在汽车里，他们不会去看外面的风景，就是看了，也是一掠而过。上学路上本该有的风景，在时速几十千米的汽车内消失了。

想想，还有很多已经消失或正在消失的风景。

春节拜年，不需要叫早，很早就自己起来了，穿着爹妈用卖猪得的钱买来的新衣服，不要大人带，一家一家拜年。每到一家，都会很客气地和这家每一个人拜年："恭喜大大，恭喜大妈，恭喜哥哥，恭喜嫂嫂。"如果有哪个还没有叫到，旁边会有人提醒：这还有一个人呢。拜到的那一家，也一定会回礼："恭喜你呀，今年拿个大奖状。"然后便是从桌子上早已经准备好的糖盒里，拿出一粒糖给来拜年的人。大年初一拜年,有两个忌讳,一是忌讳说这家没人,二是忌讳说不吃。当对方给糖、给烟不想接受时,要说"囤家里哟"。春节拜年,透着很多民俗文化,也是一年中最热闹的时光。现在,这样的风景没有了,春节不在家的人开始多起来了,一家都出门去旅游,看山看水不看人;就算是回到老家,大人也不会一家一家拜年了,小孩子更是手捧着手机,玩各类游戏。

八月中秋,呼朋引伴去摸秋,趁张婶磕头拜月亮时,把供的月饼偷走,平常凶巴巴的张婶绝不会骂人的;李婶家菜地里的茄子,虽已经不多了,但连大带小,总会落在我们的口袋里;那时的月亮真的好大,真可以看到里面的吴刚和嫦娥,几个男孩子会用手做成喇叭状放在嘴边,对着月亮大声喊"腊日子巴巴,叫偶 dia dia……",那声音会从房子上传开,整个村庄都听得到。现在,这样的风景没有了,月亮显得小得多,好几年甚至都看不到,小孩子要不坐在家里的电视前看中秋文艺晚会,要不在满书本里找有关中秋的诗句,作业是老师布置的,至少要找到十句!

……

在这次以"激发学生潜能"为主题的研讨会上,英国的校长说,研究表明,让学生骑自行车上学,会激发他们遵守交通规则的潜能。学生坐在汽车里,可以说根本不要去考虑什么交通规则,因为驾驶员自然会注意交通规则。而如果学生骑自行车上学,那他自然而然就会明白交通规则并产生遵守交通规则的意识,久而久之,也会养成遵守交通规则的习惯。

由此想起"上学路上"的话题,做父母的,能否让十二岁以上的孩子自己骑自行车上学?或许不仅是带来遵守交通规则的素质培养,更会让孩子拥有"上学路上"的风景。

6.
回礼

每天早晨进入学校时,学校大门口都有六个学生站在两边,胸前斜背着红绶带,红绶带上印着"用微笑开始你新的一天",十个金黄的宋体字在红色绶带的映衬下,显得格外醒目。六个学生分两列笔直地站在大门两边,对着陆陆续续走入校园的师生,面带微笑,不断行礼问好:老师,你好! 同学,你好!

这六个学生就是学校的值日生,每周一轮,按班轮换。

每次经历这简约而又隆重的进校欢迎场景,面对六个学生虔诚而恭敬的问候时,我都会大声地回礼:同学们好!

这声回礼,是表达我对这六个孩子的感激。六张笑脸,一声问候,弯腰行礼,目光相迎,把我赶路的疲惫赶走了,把我未完全消失的睡意赶走了,让我对新的一天充满期待,美好的心情从此开始,我得用很响亮的回礼"同学们好!"来表达我的感激之情。

这声回礼,是表达我对这六个孩子的尊重。六个孩子到校比其他孩子早,也比老师早,到校后还得准备一番。站在那里等全体师生都进校后才能结束值日,一站就是半个小时。每逢一批师生进校,还要弯腰行礼,大声问候,时常半个小时要进行几十次。这等辛苦,值得每个进校的师生尊重。我得用很响亮的回礼"同学们好!"来表达我的尊重之心。

这声回礼,是表达我对孩子的喜爱。一声响亮的"同学们好!",孩子们听到的是老师对他们的友善,听到的是老师对他们的亲近,听到的是老师对他们的喜爱。我相信,每当我大声地"回礼"后,孩子们脸上的笑容一定会更加灿烂,内心也会更喜悦,他们也会在老师的大声"回礼"中更加自信。

这声回礼,是表达我对自己的鼓励。大清早,我用一声响亮的"同学们好!"来鼓励自己,鼓励自己做人正直,做事认真,声音一响亮,人就有精神,教师有精神,学生才有精神,学校才有精神,社会才有精神!

早晨,很多学校会安排值日学生在大门口欢迎师生进校。老师们,当你走进校园时,不要吝惜这声回礼,大声一点喊:"同学们好!"

7.
孩子，是你弦上发出的箭

父母就像一把弓，孩子就像一支箭，父母总希望箭能射中箭靶的中心。

然而，常常事与愿违。

就说说我的儿子吧。

总希望儿子成绩好。找老师补过，自己亲自教过，也上过培训班，但成绩总不如意，从小学到初中到高中，都是一般般。学习成绩这箭一直没射中我心中的靶心，为此，我曾经很生气，一直认为儿子没给我挣足面子。

然而，儿子会烧很多菜，且是自学成才。他会在电脑上看好菜谱，然后去菜场购置，回家进行烹饪。清蒸鳊鱼、糖醋鲤鱼、红烧鱼头、小炒五花肉、酸菜黑鱼汤……是像模像样的一个小厨师。

然而，儿子会做小生意，且是无本盈利。他替电脑公司宣传电脑产品、帮开网店的朋友张罗店面，总归会拿到点提成。看他在QQ空间里吆喝的劲头，是像模像样的一个小老板。

然而，儿子会交往朋友，且是朋友多多。每到假期，要不就是到朋友家，要不就是把朋友带回家，经常听到他说，不回家吃饭了，几个朋友在一起聚会。黄桥的、无锡的、宁波的,每个学段他都会结交几个好朋友。有时他会说,在外面比在家里有意思。不宅,这样的孩子不多了。

细想一下,儿子除了成绩不是太好,其他都很好呀。家里的物件哪里坏了,他提起钳子斧头锤子,一会儿就修好了;家里需要个什么东西,他去超市卖场小摊,一会儿就买回来了;奶奶要是有个腰酸背痛的,他也会帮奶奶捶上几下;外面要是下雨,不要我们关照,他就会在大雨前把晾在外面的衣物收回来……

然而,儿子严重偏离了我预先设定好的箭靶。

我的箭靶中心是上学—上学—上学。曾经幻想让他上最好的小学、上最好的中学、上最好的大学,读本科、读硕士、读博士。当儿子在上初中时就表露出不是太喜欢读书时,我曾经很愤怒,我很执拗地想,这箭怎么也要射到我设定的箭靶的中心才行。但每个阶段,都是事与愿违。

慢慢想来,孩子,只是你弦上发出的箭。初时,他需要你的力量,但在箭的行走中,自身的思想就像风向,会改变我们设定好的方向,他会顺着自己理解的快乐和志向去寻找本应属于他的箭靶。

记得《故乡》里说过,他们应该有自己新的生活,是我们所没有经历过的。

孩子的世界需要我们指点,不需要我们指指点点。

8.

推销希望

江苏省常州市政协副主席居丽琴在讲座中给校长们提了三点建议,其中一点是"推销希望"。

有着多年教育经验和政府工作经历的居丽琴副主席,说了一句"学校是一个充满希望的地方,作为校长,要学会推销希望",这句话引起了我的思考。

开服装店的,推销的不是服装,而是美丽和帅气的希望。小康社会了,很少有人是因为没有衣服穿才购置衣衫的,人们要的是美丽和帅气,如果店老板能够让顾客感受到购置这衣衫,就是购置了美丽和帅气,就满足了人们的欲望。一旦欲望得到满足,价钱就不是多大的问题了。会做生意的老板,会帮顾客挑选衣衫,在顾客试衣时,会不停地说:"呀,这衣服好像就是给你私人定制的,上次有个人胖了点,穿这款式就不行,你呀,真是正好,瞧你这身段、这肤色、这脸型,配这衣衫,真是恰到好处,妙不可言!"顾客看到了美丽和帅气的希望,生意不就成了吗?

理是相通的,办学校,其实也是如此。作为校长,要学会推销希望。

首先是要向教师推销希望。

细细分析,教师在学校里,其实骨子里有两个希望。一是希望所在的学校名气大,就像初入职的人都希望能在世界五百强的企业里工作一样,教师都希望在一个办学声誉好、办学质量高的学校工作,学校名气大了,教师自然而然也会有一种自豪感;二是希望自己专业得到成长,没有哪个老师不想自己知识渊博、能力超群、成绩斐然,深受学生喜欢。而作为校长,就要学会和教师一起规划学校,发展学校,让教师看到学校的发展前景和美好未来;就要学会根据教师所教不同的学科和特点,规划教师的专业成长路径,发展教师,让教师看到自己专业发展的前程。

其次是要向学生推销希望。

细细想来,学生在学校里,其实骨子里也有两个希望。一是希望掌握学习的本领,能学会学习,有个好成绩;二是希望能有好的同伴,一起学,一起玩,一起开心。作为校长,就要学会引领教师改革课堂教学,教会学生自主学习的本领,授人以鱼不如授人以渔,让学生能自己学,且学得会、学得好;就要学会给学生搭建平台,让学生在活动中拥有同伴,学会交往,一起分享快乐。

同样,我们得向家长、向社会推销教育的希望,那我们、你们、我们大家才有希望。

鲁迅先生说过,希望是本无所谓有,无所谓无的。这正像地上的路,其实地上本没有路,走的人多了,也便成了路。

从校长的角度,我们要能看到希望,找到希望,坚信希望,把希望推销、传递给校园里的每一个人,那教育就一定会有一个好的未来,要相信自己。

希望是一种信心,是一种力量。

有一本书叫《别卖产品卖欲望》,我说,别教知识教希望。

9.
课怎么上才不累

今天一位老师在 QQ 里对我说，连讲两节课太累了。这是位老教师，原先和我做过同事，现在在一所学校教六个班政治课。想想，一个五十多岁的同志，一天要上三节课，有时还会连着上，是有点累。

我和他开玩笑："你这么大年纪，哪有那个嗓子来和学生拼呀。你这样，先放个视频，十分钟过去了；再设计几个问题，小组讨论，十分钟过去了；再小组代表发言，十分钟过去了；你自己再选点重要的讲讲，十分钟过去了；剩下五分钟，做两道题目，一节课不就过去了吗？这样你还会累吗？"

坐下来想想，我说的这方法也不赖。

根据教学内容，把课本化为视频或音频资料，这在教学资源里都能找到。视频或音频资源对学生视觉、听觉的冲击力很大，既能让学生有兴趣，又能让学生留下深刻印象。这阶段可以称为"自学"。

围绕视频内容，结合教学内容，设计三个左右的问题，让学生去讨论、去研究，给了学生自主学习的时间和机会，教师用问题来引导,学生一定会学得更好。这比教师口干舌燥地去讲,效果要好得多。让学生在小组内交换自己的想法,把小组内最好的想法在班级进行交流,教师只要适当进行评价和鼓励就行啦,孩子想说,就让孩子说吧。作为老师,也不是没事做呀,在适当时候也要展示教材的想法、自己的想法,把重点难点根据学生掌握的情况进行恰当的补充。这阶段可以称为"互学",学生之间,师生之间,在"互学"。

课堂作业在课上完成,题目不要多,两三道题目,既能当场了解到学生掌握的情况,又能减轻学生课后的负担。这阶段,可以称为"一练"。

我把这方法且叫作"两学一练"。

两学一练,自主在先;教师不累,学生有为。

老师,你试试?

10.
接过那张广告单

　　街上走的时候,总会遇到几个发广告单的。观察一下,你就会发现,凡是走过的是年长的,老太老爹或者大伯大婶,一般都会接过,有的放在包里,有的拿在手里,也有个别刚走几步就随手扔掉的。凡是走过的是和发广告单的人差不多大的,或者是白领模样的,一般不会接过递过来的广告单,有的还会表现出厌恶的样子,发广告单的小伙子小姑娘们也会多少有些尴尬地收回递过去的广告单。

　　站在街头发广告单的,大多是学生。

　　他们或许是因为家庭贫困,利用假期或上课余暇,打一份简单的工,一天挣上五十块。这五十块会解决两天、三天、四天的吃饭问题,帮父母减轻一点压力。

　　他们或许是因为想得到生活体验,感受自己挣钱的过程。这五十块,是自己靠辛苦挣的,不是向父母要的,或许,在花这五十块的时候,他们更加感受到钱来得不容易。

　　他们或许是因为参加了某种公益活动。广告单上传播的是文明、规范、信息,能带给人们的是健康、和平、安全,他们获得的可能是一种传播的快乐。

站在街头发广告单，也是一种健康成长。

从华东师范大学校园走回宾馆的路上，在小伙子递过来一张广告单时，我对着他轻轻一笑，接过那张纸，在喧闹的嘈杂声中，我也听到轻轻的一声"谢谢"。

11.

笑了才感到高兴

在回上海的动车上看到一句话："人不是因为高兴才笑,而是笑了才感到高兴。"

很喜欢这句话。

对着陌生人轻轻一笑,传递的是一种友好和善良,不管对方有没有反应,你总会在轻轻一笑时,感到心头有一种愉悦的情绪。

对着身边的同事坦荡一笑,传递的是一种友爱和团结,这样的笑就像美丽的花儿一样,在哪里笑,就长在哪里,谁笑谁高兴。

对着家里的亲人温馨一笑,传递的是一种问候与关心,谁家都有一本难念的经,但如果笑着来念经,经书就变成了《幽默大王》。

对着自己鬼怪一笑,传递的是一种自信和安慰,没有谁会一帆风顺,但笑也是走,哭也是走,对着自己笑,天上就会飘来五个字:那都不是事。

学校里笑脸墙上有这样一句话:"笑是人与人之间最短的距离。只愿大家的笑脸不是挂在墙上,而是成为一种生活中的常态表情。"

没事时,嘴角一扬,笑一笑,想象花开于胸膛,那香气会溢出来，满世界的芬芳。

有事时，嘴角一扬，笑一笑，就像风吹走乌云，那阳光会穿出来，满世界的清朗。

人不是因为高兴才笑，而是笑了才感到高兴。

12.

人就是他吃的东西

人就是他吃的东西。

初听这话，有些诧异，怎么人就是他吃的东西？

细细一想，有些道理的呀。

请听宋祖英的《辣妹子》：

辣妹子从小辣不怕

辣妹子长大不怕辣

辣妹子嫁人怕不辣

吊一串辣椒碰嘴巴

辣妹子辣

辣妹子辣

辣妹子辣妹子辣辣辣

辣妹子从来辣不怕

辣妹子生性不怕辣

辣妹子出门怕不辣

抓一把辣椒会说话

吃的辣椒,性子就辣,人就辣,人还真就是他吃的东西!

东北人喜吃酒,人就豪爽,男女都这样;南方人喜喝茶,人就清爽,男女都一样。说是成都人悠闲,你看过早上喝茶喝到日中,晚上吃火锅吃到天亮的人着急吗?

西方人的肠子短粗,是因为吃的生食多,生的东西,加上一点佐料,一搅一拌,就下肚啦,牛肉只有三分熟。他们性子直率,不喜拐弯抹角,说啥就是啥。

东方人的肠子长细,是因为吃得精细,不千滚万沸,都不敢吃。就是青菜,过去都要放在锅子里炒上几炒,才敢下饭。他们生性疑,做事前想后虑,考虑周到。

喜欢吃海鲜的人,骨子里有侵略性的东西在,违国际之禁令,大肆捕鲸,意味着什么呢?不多说了,反正鄙视之。

从某种意义上讲,人还真就是他吃的东西。

原话不是我说的,是教育部中学校长培训中心的王俭教授说的,我只是另类地理解一下。

按我的理解,无锡人喜食甜,岂不是温和美好、甜蜜精致之意?来无锡五年,感受足矣!

13.

鬼

在一学生建的微信群里，有一次闲聊中，不知谁提到"鬼"，有人问，世界真有"鬼"吗？我随意说了一句，不一定。这时，那学生就问我："老师，你见过吗？"我当然没见过。

"鬼"，究竟有没有呢？或许，对于读过多年唯物主义书本的我来说，可以理直气壮地说，没有。但我却无力来证明其没有，也没有力量来证明其有。

今天，华东师范大学心理与认知科学院庞维国教授的一句话，可以用来解惑。

庞维国教授讲的是《批判性思维及其培养》，其中，庞教授说了这样一句话：科学，只是人类解释这个世界的方式之一。

之一，说明还有其他。

我一直在想：月球上没有生命吗？不一定，那只是月球上的生命不是以地球上生命的姿态出现的，月球上可能有我们不知道的物质在运动，它们的生命姿态是人类不能用现时的科学来表达的。

鸟雀没有战争吗？不一定，那只是鸟雀的战争不是以人类的战争形式出现，或许它们也有像我们的核武器一样的东西，或许它们也有像我们的国家一样的组织形式,只是我们不懂鸟语,不懂它们的世界,我们的科学是无法解释的。

不多列举。

我不反科学,而是告诉人们,科学只是解释人类世界的方式之一,还有其他方式可以了解诠释人类世界的事。因此,我们不能禁锢学生的思维的发展,我们要培养学生批判性的思维。如果,学生说水不是无色的,我们不要批评;如果,学生说人是由鱼变成的,我们不要反驳;如果,学生认为,外星人来过地球,我们不要认为是天方夜谭。

还有许多许多的如果,让学生自由去想象,让学生驰骋于思维之世界。敢于批判权威,世界才属于人类。

"鬼",有吗?不要把这当作是个无知的问题,这是批判性思维的开始。

14.
尴尬的教师

华东师范大学教授、博士生导师，中国浦东干部学院教务主任郑金洲在题为"新时期素质教育的思考"的讲座中说到，历史上教师从来没有像今天这样尴尬过。透过当今的教育，我以为尴尬在以下几个方面。

一是德不先。教育要以德为先，然师者的德却滞后。有偿家教已经到了无法遏制的地步，个别教师真的疯狂到了"课上不讲，要听到我家"的无德之地步。加上极少数败类侵害学生的事时有发生，让教师天使般的称号神圣不起来。德不先让教师尴尬。

二是业不精。一支粉笔打天下的时代已经过去了，现在是知识爆炸的时代，技术手段也在不断更新，但是相当一部分教师不愿学习、不善学习，知识陈旧，已经远远跟不上课改的要求和学生的需求。挂课堂或是 OUT，已经不是少数教师的事。业不精让教师尴尬。

三是青胜蓝。青出于蓝，而胜于蓝。这是希望学生超过老师的美好愿望，但如果堂堂课、件件事，都青胜蓝，那不是极其尴尬的事吗？教师的一桶水，底已经有点漏啦，水有点酸啦，而学生的一碗水,人家不仅不是空的,说不定已经满啦。可以这样说,现在,有的学校已经是学生读的书比老师多,学生学习的渠道比老师多,学生学习的方式比老师多。青胜蓝让教师尴尬。

郑金洲教授说,历史上教师从来没有像今天这样尴尬过,不是危言耸听。

要消除尴尬,唯有修炼与共生。

修炼德行,重新树立教师"清高"的形象。过去教师虽穷,但穷得清高,也得到学生的尊重,那时师生之间是纯洁无瑕的交往。让教师重新清高起来,需要每位教师的修炼。

共同成长,就是教师与学生一起学习。知识快速更新、技术日新月异,教师要放下架子,和学生一起学习,甚至向学生学习,共同探究,这样既解放了学生的时间空间、眼睛双手,又催动了自己的进步,使自己跟上时代的步伐。

尴尬不为耻,学习为王道。与所有老师共勉。

15.
记得这个小伙子

在教育部中学校长培训中心,有一个小伙子,清秀的面孔,瘦瘦的身材,一直穿着一套浅灰色工作服。每次上课前,这个小伙子总会开通话筒、投影仪、电脑,整理讲桌,放好矿泉水。上课期间,这个小伙子会一直坐在控制室,以监控音响、投影仪和电脑是否正常工作,一有意外,就会在第一时间排除故障,保证上课正常。

小伙子很热情。每次专家上课结束后,总有一大帮的人到前面的电脑前拷贝讲课资料,这时,小伙子一定会一个一个地拷好,不急不慌,递到需要的老师手上。

小伙子很平常。平常到没人知道他的名字,甚至好像感觉他与我们学习不相关。下课休息时,从没有人与他攀谈,也不知道他的经历。

但有一次,专家来了,到了上课时间,小伙子没来,这时音响、投影仪、电脑都用不了,主持人向听课的校长们打招呼说:"不好意思,工作人员一时找不到,大家少安毋躁,少安毋躁。"

这时,我突然想到我们学校的一句话:"每一个人都很重要。"

听课的人重要,要学知识;上课的人重要,要传播知识;主持人重要,要宣布开始,就像校园的铃声一样;工作人员也很重要,一切的传播都要有工具。其实,这是一个系统,每一环都不能有差错,每一个人都很重要。

当然,后来,来了工作人员,一切都在上课五分钟时正常起来了。

在新加坡学习时,主持人会在开场时介绍:"今天给我提供会场技术服务的是某某老师,他已经快六十岁了,我们用掌声感谢他。"

在加拿大参观学校时,校长会在介绍学校前介绍:"今天给我们参观拍照的是某某老师,这个时候,他本可以在办公室休息,我们用掌声感谢他。"

介绍他们,就是表明他们也是这项活动的一个参与者,这项活动有他们的劳动。介绍,是一种认可,也是一种尊重。

今天,在走廊过道遇到这个小伙子时,我很开心地向他一笑,小伙子回了一个灿烂的笑容,小伙子笑的样子真的很帅。

我会记得这个小伙子。

我挺期待,在我们教育部中学校长培训中心学习结束的仪式上,主持人能够说:"感谢二十天来各位专家的讲座,感谢二十天来认真听课积极研修的各位校长,同样,感谢二十天来一直为我们提供技术服务的工作人员,让我们记得他的名字——"

16.
痴语

我曾妄想，如果，上学就是上班，那可能一切有关教育的诟病就得到根治了。

我这样设想：每个孩子上学就像上班一样，小学六小时工作制，初中七小时工作制，高中八小时工作制。到点上班，到点下班。只在上班时学习，不上班时不可以学习。上班时，按照课程，教师授课，学生学习，完成国家规定的课程计划，所有作业、考试、辅导全在工作时间完成，不存在有任务要带回家做，就像工作一样，不把工作带回家做。每个学生所学某一门功课的时间是固定的，是一样的，如学习数学，一周五节课，一学期一百节课，一学年两百节课，初中学段三年，就是六百节课，谁也不会多，谁也不会少。这六百节课，包括预习、上课、作业、辅导、考试。最后的数学中考，就是看谁在这固定时间内学的更好。这样更公平，且考的真的是你课堂的水平。那样的话，每节课就真的非常重要，学生不马虎，教师不马虎，分分钟都要出效果。

回家就不可以学习。谁学习谁就是违规违纪。晚上回家健身、看报纸、看电视、散步、参加社区文体艺术活动。双休和节假日,到社区做义工或出门旅游。由社区、邻居组织不学习监督小组,发现利用不上班的时间学习者,给予处分,或中考高考时视情节轻重进行减分处理。

真的这样的话,可能会有以下几个效果。一是做到真正的公平。大家学习的时间都一样,就靠单位时间内学的质量,智力高的、学习效率高的,成绩就好,就可以上更好的学校,就可以上高一级的学校,可以继续深造。国家选拔人才就是要选这样的人才来创造更多的社会财富为大众服务。不是靠请家教补上来的,不是靠戕害身体学出来的,是自然而然突显出来的,这才是真的人才。

二是能实行真正的有效课堂。固定的教与学的时间,不可以多不可以少,没有课后练习,没有余地。不要学校说,教师就会自己想办法改进课堂教学,学生也会主动改进学习方法,谁都想在固定的时间内学得更好些。那时,一切都会主动起来了。

三是可以放心培养志趣。既然学习的时间固定了,其他的时间法律规定不可以学习,那大家就可以放心地尽情生活,学习就只是生活的一部分,生活和学习就真变得一样重要了。可以想象,那时的家庭生活、社会生活是多么的有情趣有意义。在这过程中,孩子各方面的能力和志趣也会得到更大限度的提升,人真的能得到全面的发展。

四是能得到内心平静和社会和谐。真的这样,人就不会去死命竞争,内心就变得平静,一平静,什么优秀的品质就都会突显出来,优秀品质充满这个社会,这个社会还愁什么不和谐?

牵一发而动全身,如果真是做到"上学就是上班",说不定,就是社会的大变革。当前适逢教育变革,我的一段异想天开的痴语,能否给掌握教育变革方向的人多少一点启发呢?

17.

让培训走向市场

"培训就是给教师的福利",这是在当前各地严格执行中央八项规定精神的背景下,专家、学者在论述教师专业成长时说得比较多的话。

相对国外的教师、校长培训,这话倒是极有道理的。在加拿大,要入职做校长,必须要有三百学时的校长资格培训,这费用是由自己承担的。你拥有了校长任职资格,才可以申请做校长,就如同你有了教师资格证书,才可以申请做教师一样。在新加坡,要入职做教师,必须有规定学时的教师岗前培训,这类培训都得自己掏腰包,政府不会承担相关费用。去过英国、加拿大、澳大利亚等国家的老师可能都知道,在这些国家,一所六七百人的学校,教职工只有三十一二人,每个教师每周的课时都在二十五节左右,正常工作时间内,基本没有教研和培训,他们的理念是"你拥有这样的能力可以来,如果不够,你自己花钱、花你自己的时间去补充"。所以,他们的业务培训,有时是要自己花钱买的。

我们是社会主义国家,目前,在教育领域内的培训,只要是教育部门计划之中的,都是由政府买单,每年国家要投入很大的财力来组织各类教育的培训。

不花自己钱的培训,有时就不那么珍惜。有培训迟到早退者,有培训不到场者,有培训睡觉者,有培训做杂事者,如果事先没有严格要求,现在的培训现场是一大片低头玩手机者。组织者无奈,培训者无畏,讲课者无视。

能否换个思路来培训,让培训走向市场?

把培训费以年为单位发给校长、教师,按职务、职称、学科、年龄的需求进行培训费的分配。

在全国设置培训点,各培训点呈现培训内容、考核方式和价格。

校长、教师在国家规定的时间内进行培训购买,自由选择,培训成绩以拿到培训考核合格学分为依据。

教师、校长定期进行资格认定,把在规定时间内取得多少培训学分,作为一项基本资格认定标准。

如果这样,那培训点会精心组织策划,要想让培训点生存下去,就必须吸引人来;要让培训点能赚到更多的钱,就必须做出品牌吸引更多的人来。

培训者这时会感觉是花的自己的钱,既是自己的钱,就要买最好的、最有用的培训。且会主动去找培训,因为在规定时间内拿不到要求的学分,教师资格就认定不了。

政府负责用一定的考核机制认定培训点,监督培训点的规范运作。学校负责提供各地培训点的名单,供教师选择。

如果教育培训能这样实行市场化的运作,那培训的效益可能会达到最大化。

我只是说说而已。

18.
买书

网上有个段子，说的是钱不经用。段子是这样说的：话说，早上带着一百块钱出门，手机欠费充值，就成五十了；吃了顿饭，就成二十了；买了本杂志，就成十块了；再买个煎饼果子，就成五块了；坐个地铁然后转公交，就没啦。

一百块钱要真像段子上这样花，倒不错了。但在现实生活中，一百块钱真干不了什么事。

今天是国庆假期第一天，正逢附近好又多超市门口的广场上有卖书的，我便信步前往，看看能否淘到几本好书。

两列长长的排桌上，摆放着各类书籍，有的是泛黄的旧书，有的是还包着薄膜的新书。围在书摊前的人不是很多，也多是年轻人，估计大多是附近软件园里刚从学校走出来参加工作的青年。看着他们一本一本地挑，我心中自然而然生发欣喜，青年人读书，社会有希望。

我巡视一周，竟没看到几个我们学校的学生。照理说，这个露天书市在这个小镇上也就一两天时间，来来往往的家长和学生应该能看到呀；按理说，围着这书摊的，要以我的学生为主呀，怎么就看不到几个人呢？他们现在在家做作业？他们在学习驿站补习功课？他们和家长出去游玩了？或者，他们对读书早就没有兴致了？想起中国人年均阅读量不足 5 本书，我心中一阵悲凉。我们怎么读书，从某种意义上说，就意味着我们怎么生活。

淘到几本想看的书，其中有一本是《湖山有幸》，是中国名人故居游学馆系列丛书，这本是杭州卷的，写的是西湖边的故人、故居、故事。书已经发黄，可能是受过潮，翻开内页，还有水渍。随手一翻，便翻到"丁香空结，青鸟不传——戴望舒故居"，慢慢读来，原来，以《雨巷》出名的戴望舒，生于杭州，成长于上海。在 1927 年"四·一二"政变后，因受国民政府的通缉，戴望舒回到杭州老家短期避难，《雨巷》就写于此时，当时戴望舒就住在大塔儿巷 11 号。现在，大塔儿巷仅剩下左侧的一小片老房子，形不成巷子了。十一月，我会去杭州学习，我特别想在一个秋雨瑟瑟夜灯朦胧的时辰，散步至大塔儿巷，对着散发着霉气的旧墙，沐在绵绵江南烟雨中，回想：

> 撑着油纸伞，独自
> 彷徨在悠长、悠长
> 又寂寥的雨巷
> 我希望逢着
> 一个丁香一样的
> 结着愁怨的姑娘

有些书，和人一样，是不期而遇的。

捧着一摞书，来到算账的地方，当问起打几折时，书市老板声音很响，十二块一斤！啥时卖书论斤了？我一愣一愣的。

八斤四两，一百块。

一百块，从皮夹子里掏出一百块时，我心想，谁说钱不值钱了呢？这一百块买了八斤四两书，可以看一年呀。

这就算"国庆七天乐"第一乐吧。

19.

回家

　　过去，每逢国庆放假，我都要回家。记得第一次实行高速免费政策时，我十月一日早上九点出发，到晚上九点才到家，一百多公里路，走了十二个小时。当然，不仅是路堵的原因，还因为有一段路没走高速，见人多怕排队，就到附近的街上找了吃的，也耽误了时间。虽然走了十二个小时，但不是太怨，因为是回家。

　　今年本不打算回家的，因为把妈妈带到我身边生活了。回家，家里也没有人。但十月二日，还是不由自主地把车开上了向北的高速。回家，一个人回家看看，回家，就是家里没人，也要回家。

　　打开院门，偌大的家，清，静。

　　秋风还没有吹枯水泥路的缝里长出的青草，一抹深绿，像是看家的仆人，见着有人来，顿时欢喜，在微微的秋风中摇摆着身子，打着欢迎的节拍。

　　庭院中间的花圃里，有四五株月季，开得正浓，艳红艳红的。月季就是这样自力更生，没人施肥，没人浇灌，没人排涝，它依然按季展示自己的美丽，没有观众，也要表演。

　　院墙边上的一棵柿子树，几个红的黄的柿子零星地挂在枝头，红的柿子红得透，那可是自然熟的。自然，柿子树下少不了一层熟得过了头的柿子，它们掉在泥地上，这真算是"化作春泥更护花"了。

一切很安静。

没有了爹在世、妈在家时的喧闹，没有了人来人往的问候，一切很安静。

不知是谁说的，什么是家，有妈的地方，就是家。这里，爹爹走了，妈妈不在，还是家吗？

"意儿回来了。"隔壁的大妈、婶娘、叔叔、老兄，从家里、从田里，边走边拉着嗓子问我，"有没有吃过啦？""什么时候回来的？"

所有人一见面问的第一句都是："妈妈在那里过得怎么样？习惯吗？"

大家都替妈妈担忧着：八十一岁了，下了楼还认得回家的路吗？无锡人说话能听懂吗？有人陪着说话吗？

说话间，一个婶娘不知从哪里提着一蛇皮袋还没晒干的花生，说让我带给妈妈，这是新花生，让她尝尝，告诉她，不种田了，花生还有的吃！不要担心！

回家，家还在！

20.
同学会

国庆经历了两次同学会,一次是我的学生聚会,一次是我的同学聚会。

我注意观察这两次同学会上大家的交流与笑谈,一边在思考:我们该进行怎样的教育,才能让现在的学生在将来的同学会上有着美好的记忆?

大家会谈论印象中的老师,很少说起哪个老师是怎样怎样讲课的,多是说起哪个老师对自己的帮助和关心。

要记住:有爱心的老师,学生永远会记得你。

大家会谈论印象中的同学,会不断提起当时的"学霸"和当时的调皮鬼,而通常是"学霸"的,大都失去当时做学生时的骄傲,事业没有做得像当年的学习成绩一样光耀;而当时的调皮鬼,一般都混得不错,要不开个公司,要不做点生意,霸气,爽气。

要记住:每一个学生都是我们的骄傲。

大家会谈论当时在学校的事,记得最清楚的都是在某次活动,自己是如何表现的。当年在南沙楼实验学校工作时,学校作为全省农村教育综合改革试点学校,进行初中四年制的教育实验。四年的初中生活中,不仅要完成国家规定的课程,还要结合农村实际进行劳动技术的课程教育。这批学生印象最深刻的就是当时是如何学习劳动技术的,很多女学生说起自己当年开拖拉机的情景都兴奋不已,她们告诉我们说,现在豪爽的性子与当年学开拖拉机有关,做生意还就要这样的性格。而且还会经常拿这事在丈夫和孩子面前炫耀:老娘是开过拖拉机的!

要记住:学校给了学生舞台,就给了学生未来。

五年,十年,二十年,三十年,我们现在教的学生,他们也会像我们这样,有定期的同学会。随着科技的发展,那时再开同学会,可能就会像播放纪录片一样,把学校生活的影像做成一部电影,来表达对校园生活、同学情谊、师生情感的回忆。

希望,在这样的电影里,我们能演好自己的角色。

21.

看飞机

　　妈妈八十一岁，姐姐六十岁，姐姐的孙女简简三岁，三个人都没坐过飞机，也从没有见过不飞的飞机。我这里离苏南硕放机场仅十分钟车程，记着"没吃过猪肉，还没见过猪跑"的话，今天决定带她们去看飞机。

　　一切准备就绪，出发！妈妈晕车，所以每次坐车，都要准备好呕吐的储具，还要带上一个橙子让她放在鼻子处嗅，她说这样有可能会止吐。晕车的人，最怕车停得急，所以，每次妈妈在车上，我都是慢慢开，遇到红灯时，都得老远就要减速，直至到红灯处是自然停下来的。

　　原以为到飞机场看飞机就一定能看到。毕竟平常都有那么多飞机停在场地上，我们只是看看而已。

　　但真差点看不到。

　　先把车开到"出发"航站楼，标志提醒，不能停车，且没有机票，是进不去候机厅的。回忆了一下自己坐飞机的经历，要安检，还要走很远才能到等候区，在等候区才可以隔着玻璃看到停在广场上的飞机。

　　再把车开到"到达"航站楼，和一群等人的人一起，也只是能听到几点哪班飞机到达、哪班飞机误点的广播声，看不到飞机。

咨询大厅服务人员，到哪里可以看到飞机。服务人员指点，到贵宾等候区可以看到飞机。

我拉着八十一岁的妈妈，姐姐拉着三岁的孙女，兴致勃勃地来到贵宾等候区的门厅，一进门就受到了客气的礼遇："先生，请问您有预订吗？"

"预订？没有，没有。"我笑着说，"我只是带妈妈来看一下飞机，服务人员说，你们这里可以看到。"

她答："对不起，我们这里只有有预订的客人才可以进。"

看得出，礼仪小姐的眼光里没有鄙视，也没有惊诧，只有工作必需的一种纪律。

妈妈说："人家不让进，我们就走吧。"

走出等候区，站在路旁，我在心里嘲笑自己：亏你还是坐过飞机的人，你以为飞机是马路上的汽车，想看就可以看到的呀。

一个穿着制服背心的机场拉行李的工作人员从我身边走过，我叫了一声"大哥"，他猛回头："什么事？"

我急忙道出原委："我妈妈八十一岁，从没见过飞机，从什么地方可以看到飞机？"

他手一指："你从这里向前，那辆车旁边有一条小路，沿着小路走，就会看到钢丝网，从网外面就可以看到飞机。"

"谢谢！"

按照他的指路，我们到了钢丝网前，透过网，约二十米处，真有两架飞机。

妈妈说："好大，都有三间房子这么大！"在妈妈的世界里，三间房子就是很大的地方了。

三岁的简简说："飞机要飞上天去找它的爸爸妈妈了。"

22.
睡觉

一直想就"睡觉"写点文字。

人的睡觉有这样两种分类方法：一是一个晚上只睡一次的人和一个晚上要睡几次的人；二是睡觉做梦的人和睡觉不做梦的人。

我属于一个晚上要睡几次的人和睡觉做梦的人。

别人睡觉，我不知道，无从说起，我只说说我自己睡觉。

我是一个睡眠长度比较短的人。晚上第一次睡觉，长度只在四到五个小时，第二次睡觉只在一到两个小时。第一次睡觉和第二次睡觉，中间要隔开两个小时。所以，如果晚上十点睡觉，一般凌晨三点左右要醒，五点左右第二次睡着，有时因为要早起去学校，就会睡得不踏实。要是假期，则会睡得很放心，且会进行第三次睡觉，可以睡到八九点。

我又是一个睡觉会做梦的人。每次睡，都会做梦，因为是梦，就形形色色都有。很少有噩梦，大多是过去的影像与现实生活的结合。我喜欢我的梦，我很多时候会因为期待做梦，就期待早点睡觉，因此，我会很快入睡。

睡觉，是人的另一个人生。

常常见到人因为睡觉的事而苦恼。

有人会因为不够睡而苦恼，我们年轻时都有过。

有人会因为睡不着而苦恼，我们当中有人有过。

对于我来说，喜欢假期，很多时候是因为假期可以睡三次觉。从睡觉的角度看，我特羡慕朝九晚五工作制。

国庆七天乐，睡觉是一乐。

23.
太湖大美

沿着太湖大堤驱车走了十公里,感受了太湖的大美。

太湖,美在其浩渺。

广袤的湖面,波光粼粼。远山隐约在天际,湖天一色,零星的渔船,妥妥地泛在湖的中央,像是定格在那里。白色的飞鸟,既像近在眼前,又像远在天边,它们飞翔翻转,但总撼动不了湖水的淡定。听不到涛声,听不到鸟鸣声,只有湖风缓缓吹来,告诉你,什么叫温暖。

太湖,美在其岸的葱绿。

大堤一边是湖水,一边是绿岸。绿岸树木<u>丛丛</u>,草地芳美。因有大堤,便有湿地。湿地中有池塘,有灌木,有景观,有小桥流水,有亭台轩榭。如果说大堤一边的湖水因广袤而空灵,那大堤另一边的湿地则因葱绿而静谧。

太湖,美在大堤的曲势。

大堤依湖而筑,湖的曲势让大堤曲折回转。沿着大堤向前开车,就像一只小船沿着小溪向前行,无汽鸣,无喧闹,来往的车辆及路边的行人,都在两边的风景里,车和人也都成了风景。

　　有人说太湖像只佛手，我只走了佛手中指的指甲边。孙悟空是怎么一个筋斗翻十万八千里也还在如来佛手里的？我驱车十公里所见的太湖大美，只不过是佛手的一点点，我的澎湃扔在太湖里不会起一点涟漪。

　　停车观湖，随手拾起一块鹅卵石，使劲扔向湖水。我、鹅卵石、太湖，连在一道弧线里，没有哪个相机能拍到这道弧线，能拍到的只有太湖。

24.
作业

　　今天是国庆假期的最后一天,这最后一天,对于学生来说,是最难过的一天,因为很多的学生都是在今天完成作业,今天晚上做作业做到十一二点的,一定大有人在,且会边做边出现各类状况。

　　作业有多少?可以这样说,对于老师来说,布置作业,没有最多,只有更多!网上曾有两个具有讽刺意味的段子调侃作业多:

　　　　老师对我们很好,国庆长假给我们布置的作业也不多,我只用了一个小时就把所有试卷的名字和班级写好了!

　　　　诺基亚坏了,我只是放作业的时候没看到手机,把作业压了上去,别问我屏幕是怎么碎的。

　　调侃中更多的是无奈。

　　早上没事,看友人 QQ 空间,看到三个做老师的家长给孩子安排的国庆假期作业,让人耳目一新。

　　一:今天女儿的德育作业是为我准备早餐。

二：国庆七天乐：天使升旗日，动手体验日，乐高搭建日，秋游采摘日，梦幻变装日，伙伴阅读日，建筑设计日。

三：一家三口自驾游，江郎山、大金湖、霞浦，五天，一直走到浙江温州的泰顺。

那么，像这样的国庆假期，我们应该布置怎样的作业？

欣赏第一位友人的德育作业：知行合一，德育含在行动中，让孩子承担力所能及的劳动，在劳动中体验自己的一份责任。德育在于"育"。

欣赏第二位友人的活动作业：每天都有一个活动主题，让孩子感受假期生活的快乐。国庆七天乐，关键在于乐。

欣赏第三位友人的出游作业：读万卷书，不如行万里路。看滩涂，看梯田，看明清大院，地理历史，文学文化，无不在行走中。

> 作业复作业，作业何其多。
> 只是做习题，师生都难过。
> 写得手生疼，批得人发火。
> 少抄人口手，唱唱小苹果。
> 少写 ABC，欣赏毕加索。
> 少算 789，多走田与垛。
> 作业改这些，没人会嫌多！

唉，我没有作业要做，比起正在发愁的我的学生来说，也算国庆七天乐中的最后一乐吧。

25.
快乐

马云成中国内地首富了。

当被问起当首富的感觉,马云却表示:"一点感觉都没有。"

"我从没想过当中国内地首富,也没想过当浙江杭州首富,我连我小区的首富都不想做,这个没有任何意义,钱是资源,是用来做事情的,一个人花不了多少钱,我说过我最快乐的日子是一个月拿 90 元人民币的时候。"他说。

我在想,马云一个月拿 90 元人民币的时候,快乐在哪里?

快乐在大家都一般穷。那时物资匮乏,大家吃的、住的、穿的用的都差不多,没有"朱门酒肉臭,路有冻死骨",都一般穷,心理就平衡,平衡就快乐。

快乐在身上没担子。我只赚 90 元,不需要为你的生活而担心,你只赚 90 元,不需要为我的生活而忧愁,少年不识愁滋味,无忧无虑,就是快乐。

快乐在不要置家业。90 元钱,不会只花 10 元,还有 80 元存起来去买房买车、去投资公司,去想办法变成 160 元或 320 元,没有扩大再生产。90 元,只要天天买到油条豆浆,只要过年缝上新衣服,要是还能余上几个钱,多称上几斤肉,多沽点酒,和孩子老婆热闹热闹,不考虑明天,就是快乐。

马云的话可以这样解释:他现在不快乐,或者不是很快乐,原因是他有钱了。

因为有钱,但别人没钱,他不快乐。

因为有钱,但想有更多的钱,他不快乐。

因为有钱,但别人也要有钱,他不快乐。

因为有钱,但钱最终就是数字,他用不了这么多钱,他不快乐。

因为有钱,而钱是用来做事的,他的钱多,做的事更多,事有可能会做好,也有可能会做坏,他不快乐。

当然,马云的不快乐,与我们的不快乐是不同的,马云的不快乐是快乐之后的不快乐。这种不快乐不是随便哪个人都能有的。

马云的钱,与我无关,马云的不快乐与我无关。但马云说的一个月拿 90 元人民币的时候最快乐,与我有关。因为,我没有感觉到一个月拿 90 元人民币的时候有多快乐,我一个月拿 90 元钱的时候,都处不到对象,因为我是个老师。

26.

慢品南京

　　提着行李出门时,妈妈说,要记得带上秋裤,天开始冷了,秋天到了。秋天,是最美丽的季节,尤其是南京的秋天。这时候栖霞山的枫叶开始红了,阅江楼的芦花开始白了,道旁的银杏开始黄了,沿街的梧桐,叶子也开始星星点点地亲吻大地。有人说,这时候的南京,需要慢慢行走,慢慢欣赏,慢慢品味,这样你才能感受六朝古都的厚重和沉淀。

　　慢,既是一种生活姿态,也是一种学习态度。

　　从今天起,我们六十位来自上海、浙江、安徽、江苏的初中和职高的校长,要在南京度过二十天。这二十天,是南京最美的时光,我们想慢品南京。

　　我们要让教授的讲座在我们的思想中慢慢浸润,不急,慢慢体会、慢慢领悟,慢慢从教授的讲述中寻找我们需要的指导和方向。

　　我们要让同伴的分享在我们的心田里慢慢流淌,不急,慢慢碰撞、慢慢分享,慢慢从同伴学校的讲述中寻找值得学习推广的经验和做法。

　　我们要让名校的光芒在我们的眼睑里慢慢成像,不急,慢慢仰望、慢慢欣赏，慢慢从名校成名的过程中感受奋斗的艰辛和本真的坚守。

南京的二十天时间，不是太长，但我们要学会慢慢地过。

因为慢，我们才可以细细咀嚼回味，才能从专家学者稀松平常的话语中领悟到教育的本真与变革的方向。

因为慢，我们才可以有时间去思考，才能不拿来主义、不照搬硬套，才能结合实际，结合校情，把学习心得用到实践中去。

因为慢，我们才拥有好心情来学习，不快乐都是因为急，学会慢下来，这二十天，我们大家才会开心。

我们会在轻松的氛围中谈论教育的变革，我们会在休闲的环境里交流学习的心得，我们会在闲暇的日子里游览美丽的南京，把慢作为一种生活，在慢中学习，或许会学得更多。

感谢江苏第二师范学院，感谢江苏省教育行政干部培训中心，给我们提供了一个很安静的学习环境。江苏第二师范学院历史悠久，学校精致。它校园不大，一不留神就会走出校门，所以大家要慢点走，慢了，你才会发现很多如画的景象和影像。

这里是我的母校，向所有老师问好！谢谢大家。

27.
不用 PPT 的杨启亮

　　着一身灰色的衣裳，端坐在讲台前，一手握着一只手表，一手抹着那张瘦削的脸，顺着主持人的介绍，他开始了他的课。

　　他不用 PPT，只是慢慢地述说，像是在讲故事，既是在讲别人，又是在讲自己。

　　他讲孔子的有教无类、讲陶行知的爱满天下、讲马卡连柯的儿童尊重、讲苏霍姆林斯基的精神富有，他用中外教育家的教育人生，告诉我们，从事教育工作要有一种情怀。

　　他痛恨当前教育的功利，批判现实教育的死板，又期待教育的美好，展望教育的未来，从骨子里指出教育的弊病，从云端明确改革的出路，他用自己半个世纪的教育经历，告诉我们，从事教育工作要有一种良心。

　　情怀，实质上是一种从教的心境，是一种热爱，一种胸襟。我们会经常说，要做喜欢的事，人才有劲，而从事教育，则是要喜欢所做的事，那才有爱。

　　良心，实质上是一种从教的品质，是道，是德。我们也会经常说，做教师讲的是良心，做师傅的，不一定希望徒弟超过自己，做老师的，都想学生比自己懂得多，这就是老师的良心，良心就是好心。

杨启亮，教育人都熟悉这个名字，他的学术水平、他的为人，就是标杆。

我曾经请过杨启亮教授到我任教的学校给老师们讲过课，那时才刚刚有"素质教育"这说法，在与杨启亮教授闲谈时，我问："杨教授，你看现在这个教育大环境，叫我们怎么去搞素质教育呀?"杨启亮教授习惯性地抹了一把脸："做你能够做的事。"

这话一直影响着我，做自己能够做的事。做一个语文老师，就在你的语文课堂上搞点语文素质教育;做班主任，就在一个班级搞点素质教育;做校长，就在你的学校搞点素质教育;做局长，就在你的区县搞点素质教育。你不想去做你做不到的事，你就做你能做到的事。

喜欢杨启亮教授习惯性抹一把脸的动作，那是一个农民在抹脸上的汗水。杨启亮教授就是一个教育田地里的资深老农，在他心里，孩子如同庄稼，情怀和良心才是最好的肥料。

不用 PPT 的杨启亮，就像不打催熟剂的好农民。

28.
能飞就不要跑

在家里整理衣服时，有一些旧的衣服，我要扔掉，妈妈总是说："现在发财了，旧衣服都不要，要是以后穷了呢？"我暗笑，我怎么可能穷到穿不起衣服呢？但因为怕妈妈生气，我总是把旧衣服一箱一箱存着，都堆了好几个箱子，占了本来就不太大的房子的空间。

就这事，让我联想到教育。

我不喜欢研究笔顺，每逢碰到关于笔顺的事，我就很头痛，有些字真不知道其笔顺哪个先写哪个后写。我想，只要写出来，何必在乎先写哪笔再写哪笔呢？

我不喜欢讲文言文的虚词的用法，文言文，只要明白其意思，何必要在乎"之乎者也"是什么用法呢。

自从用上电脑后，我不喜欢用笔写字了，只要能用键盘敲出来，字清清楚楚，何必要讲究这个字一笔一画怎么写呢？说真的，偶尔写字时，真提笔忘字了，但并不影响我的表达。

自从有了百度，我不怎么去记忆知识了，只要一搜索，想要知道的，就会瞬间出来，何必还要去捧着一本书，死背着"仁远乎哉，我欲仁，斯仁至矣"呢。

我反对手写备课笔记，都什么时代了，教师能用电脑备课，何必强求教师去一笔一画地写那工整的备课本呢？

旧的，要摒弃；新的，要跟上。有了几何画板，就不用圆规、三角尺、量角器；有了投影机，就不要满黑板写上一大堆；有了计算机，就不要作业本子一大叠地收；有了新技术，就不要只靠一支粉笔一张嘴。

……

这就像生活：有了机动车，还能见到多少马车、牛车、驴车？有了无线电，还见得着多少烽台、烟台、放哨台？有了洗衣机，还见得了多少搓衣板、捶衣棒？

能飞就不要跑！

陆志平教授在《数字化时代的课堂重建》里努力告诉我们，要适应新的时代。E时代，未来已来，教室在变，手段在变，方式在变。

当然，我们会顾虑：

考试要用笔写的呀，怎么办？

考试要记忆的呀，怎么办？

考试要……

唉，都是考试惹的祸！"一夫当关，万夫莫开。"

考试改革，不仅要改考试内容，也要改考试技术，让孩子们捧着个平板电脑就能考试吧。

要真的捧着个平板电脑就能考试，可能教育的改革就真的开始了，那考的不是机械地写字，考的不是僵化的记忆，考的是创意，考的是思维。

不要当真，随想而已。

29.
先生的笑声

在这里读书时，王铁军教授是系主任，程振响教授是系书记。在王铁军教授七十岁生日时，我以"先生的笑声"为题，表达了对先生的敬佩之情。昨晚到十一点半才见到先生，重拾此文，以记之。

每次和先生通电话时，先生总是先说："中意啊，咯咯咯，过得挺不错的吧。"与先生相识十五年，最不能忘却的就是先生"咯咯咯"的笑声。

记得刚给我们上第一节课时，先生在黑板上写下"天行健，君子以自强不息"后，就给我们讲读书的不容易，这两年要怎样去学习。随即，先生就"咯咯咯"笑了起来，边笑边说："大家也不要担心学习的困难和生活的不方便，我只要不出差，就天天在办公室，大家有什么困难和不方便，随时来找我，我会努力帮助大家的。"这以后，我们真的见到先生办公室里的灯光基本上到晚上十点才熄，有事找到先生，先生真的很爽快地帮忙，且每次找到先生，先生总会先端杯水给你，然后"咯咯咯"笑起来，在笑声中询问相关的事情。

先生对我特别的好。在临近毕业时,先生把我叫到办公室里,"咯咯咯"笑着对我说:"中意呀,回去找工作有没有困难?我和你们局长很熟悉,我写封推荐信给你,你回去找找你们局长,你们局长会用你的。"先生真的找出一张信笺纸,认认真真地写起来。在这封信中,先生对我进行了高度的评价,说我是一个勤于学习的人,是一个善于思考的人,是一个具有创新精神的人。我知道这是先生在鼓励我,在这以后的职业生涯中,我一直在朝着先生要求的方向去做,努力做一个勤于学习的人,做一个善于思考的人,做一个具有创新精神的人。

感受先生笑得最开心的一次是 2008 年先生得知我评上特级教师后。先生来了电话,还没有说话,先生就"咯咯咯"地笑个不停,在笑声中祝贺着我、勉励着我。我从先生的笑声中感受到了先生对我的厚爱和关怀,更看到了一个做老师的看到自己学生有点小成就时的那种出自肺腑的高兴。

先生也有不笑的时候。每当先生听到校长队伍里有人因为经济方面的原因而受到处理时,总要打电话给我,很严肃地对我说:"中意呀,国家培养一个校长很不容易,自己要对自己负责,更要对国家负责,任何时候你都要头脑清醒。"先生是研究"校长"的,出版了很多有关校长成长的书籍,先生深知一名优秀校长成长道路的曲折和漫长。所以,先生在一直鼓励我努力成长为一名优秀校长的同时,也不断地给我警钟,提醒我要洁身自好,不仅要激情做事,更要干净做人。

先生现在七十岁了,但在我印象中,先生没变。脸色永远是那样红扑扑的,衣着永远是那样整齐齐的,笑声永远是那样"咯咯咯"的,在我们心目中,先生年轻着呢。

　　在我老家,都把教过自己功课或教会自己做人的老师叫作"先生"。所以,我按着老家的习惯,在上面的文字里,称教过我两年功课和教了我一辈子做人道理的江苏教育学院王铁军教授为"先生",也谨以此小文祝贺先生年届古稀,身体健康,万事如意。

30.
最穷无非讨饭

做事时，我会经常想，这事儿，最坏是啥结果？有了最坏结果的心理准备，有时事情搞砸了，我也不太着急和伤心。因此，我在大家的眼里，是个嘻嘻哈哈的人，不怎么着急，不怎么会生气，也不记恨别人。

我在草堆里睡过。我开始工作时是在农村，那时放农假，要回家到田里干活。记得那时，一劳累，就躺在草堆里，用草帽或外衣往头上一蒙，就能睡上一两个小时。有时想，最苦不过就是睡草堆，睡草堆也不过如此。

我在菜市场卖过蔬菜。十一二岁时，暑假，妈妈带着我，提着一篮子自己家田里长的青椒，去菜市场卖钱。我扯着嗓子吆喝过，和买家讨价还价过。有时想，最窘迫不过就是做点小生意，做小生意也就如此。

我一双鞋要穿两年多。年轻时没啥钱，那几年，都是穿运动鞋，春夏秋冬就这一双运动鞋，穿两年，鞋前面有破洞，才扔掉，到现在我都是一双鞋穿两年，坏了才换。我不太讲究穿着，曾经花三百元买过六件不同颜色的打折 T 恤，每天一换，天天不同。有时想,生活再差也不过如此,并不觉得出不了门。

经历即人,很多经历让我觉得即使到最差状况也不过如此。

人知道底在哪里时,心里也就不慌了。最穷无非讨饭,像我,三个馒头,两碗粥,一天也过得下来,反正吃啥也不长肉。

31.

麻辣烫

　　粉丝、平菇、海带皮、面条、藕面、海蜇丝、一根培根再加一把豆芽，一份麻辣烫食材全了。有荤的，有素的，有海鲜，有菌类，八个菜九元，吃得①。

　　小伙计按我点的食材，一一把菜装在盒子里，夹上号码牌，放在千沸万滚的麻辣底锅旁边的桌子上，排队等待下锅。

　　经常听说"麻辣烫"，但从没有吃过。晚上散步，来到学院北门，马路对面是一排小吃店。当年在这上学时，经常和同学们来这里吃小吃，那时没有麻辣烫，只有面条店，且多是以阳春面为主。如今看到"重庆川味""麻辣烫"火红的招牌，踱进店里，想尝一尝传说中的"麻辣烫"。

　　店靠门的墙上张贴一张价格表，分三类，一元类，二元类，三元类。一元类多为素菜，二元类有荤菜，三元类就有点上档次。我从一元类中选了七个，从二元类中选了一个，总共八个菜，七素一荤，九元钱，哈哈，吃得。

---

　　①　方言，意为"能吃"。——编者注

在等的过程中,我和小伙计攀谈起来。小伙计是来做学徒的。人很灵活,拿菜算账很敏捷。我看着千沸万滚的底锅时,问道:"这锅里都放了些什么?"小伙子说:"花椒和香料。"我开玩笑地对他说:"小伙子,关键在这锅里,你要学成,就一定要搞到这底锅的秘方。"小伙计说:"知道,师傅说了,只要我对客人热情,生意好,到我走的时候,会给我秘方的。"

说话间,我的麻辣烫好了,一股带着辣味的热气冲着脸面。一筷子下去,舌尖又麻,又辣,又烫,哈哈,真是"麻辣烫"。这麻辣烫呀,就是你一筷子下去,递到嘴边,要不停地吹气,想减点麻、减点辣、减点烫,但又忍不住要放进嘴里,一进嘴里,因为麻、辣、烫,又忙不迭地咀嚼,等不及地吞咽。不知道是口腔受不了,还是喉咙等不及,嘴里还没完,又一筷子递在嘴边等了……吃麻辣烫,让人真切感受到什么叫"欲拒还迎"。

一碗下肚,额上竟沁出汗来。我是很少出汗的人呀,小伙计忙递上纸巾,给水杯添水。店里渐渐人多起来了,多是耳朵塞着耳机、手里拿着手机的学生模样的人,或一个,或两个,小伙计忙着去招呼他们了。

走出麻辣烫店时,我突然想,会不会小伙计离开店时,师傅给小伙计的秘方就是在小伙计的手心里写下两个字:热情。

瞧,我又想当然了。

32.
像空气一样的晓东

经常听说晓东校长，但从没有见过。这次晓东以"校长的思想力"为题做了一次讲座。历时三个小时的讲座，大家并不感觉时间长，在结束时，大家内心还有想再听一会儿的想法。

晓东在江苏教育科学研究院科研规划处工作，估计对课题研究的话题比较擅长。但今天他讲校长的思想力，我开始有点担心。校长的思想力，正如他开头讲的，这个话题有点空。

晓东从哲学讲起，从尼采说起。教育本应回到哲学，哲学是教育的思想源泉，哲学思想是校长应有的思想追求；校长思想的内核就是对哲学的深刻理解；校长思想力的路径、框架、凝练、提升都需要用哲学来打底。

晓东吸引人的地方有三。

一是话语充满哲学。特别是对人的阐述：现在在大街上站着的不是人，人太少了。哲学就是要让人成为人。人要先成为人，才可以再成为某种人。乍一听，有点晕的，但一想，隐约觉得有道理，有啥道理却又说不出。高就高在，知道有道理，但你却说不出。

二是观念批判深刻。听专家讲课，如果大家想得一样的，专家再讲，没多大意思。大多数人喜欢听专家与众人想法不一样的地方。晓东的讲座有批判性，且很深刻。在讲到"专业在手，一世不愁"时，可谓是观念十分鲜明，我估计，领导提拔晓东做个处长、院长类的，他不一定喜欢。

三是面相和善亲人。晓东像个年轻的大学教授，现在有了"都教授"，大家对长得帅的教授已经不会惊艳了，晓东算是教授里长得帅的，他面相和善，也平易近人。

不多说了，校长的思想力，确实是空的，如果与哲学一连起来，那会更空。但晓东的讲座像空气一样，空气不空，空气养人！

称呼他"晓东"，是想结识其为朋友，有热心的友人，帮忙传个话吧。

33.

教师即学校　学校即圣地

　　中国教育学会副会长、教授、博士生导师，江苏省委组织部副部长胡金波在"改变教育，从改变自己开始"的讲座中说到"教师即学校，学校即圣地"一语，我觉得很有道理。

　　教师即学校。

　　教师的学识代表学校的地位。择校择校，择的就是教师。一所学校，学识水平高的教师多，学校自然就有名气，所以有一说：大学者，有大师也。中小学也是如此。因此，培养教师，就是发展学校。

　　教师的德行代表学校的品质。曾在论坛上看到有帖子说：到这所学校去，这所学校老师不收学生家长的礼物；不能到某所学校去，某所学校的老师补课补得厉害。仅从这一点，就可以看出，教师的德行代表学校的品质。

　　教师的言行代表学校的形象。传媒时代，一个老师的不雅举止、不当言论，就可以瞬间让全世界知道，而大家最后留下记忆的，不是某个老师，而是某所学校。一个人就代表了一所学校。这样的例子，已经不胜枚举了，大家也知道。

　　学校即圣地。

　　圣地,就是个读书的地方。为什么称孔子是圣人呢?因为孔子是个读书人。所以,圣地,就是指读书的地方。校长、老师、学生、家长、社会、政府都要记住,学校就是个读书的地方。

　　圣地,就是个清静的地方。清,指要廉洁;静,指要安静。君子不言利。在学校里,如果过多地去计较利益得失,那就失去了"圣",没有了神圣。教育事业是一项神圣的事业,教师讲求的是良心,清心静心,才是本分。

　　圣地,就是个有信仰的地方。学校教育,教的是精神,让每一个学子有信仰是教育的最大责任,也是教育的根本。学校,就是个有信仰的地方,要让社会主义核心价值观成为学生信仰中的主要成分。

　　教师即学校,学校即圣地。作为校长,首先要记得这点,并与一道学习的同学共勉。

34.

学院红楼

　　自毕业之后，每逢来学院时，我都要到红楼前举起手机或相机拍个照，生怕哪天来时，这红楼不见了。

　　红楼，位于学院的东北方向。传统宫殿式屋顶，现代式外墙，古色古香，极具民国之情调。红楼具有梁思成大屋顶之设计思想，能抵抗十级地震，为建筑经典。

　　红楼上下三层，水泥扶梯，石灰白墙，格子木门，走进去，好像穿越了半个世纪。现在红楼还用作教学楼，里面有数学系、中文系、地理系、政教系，不过现在不叫"系"了，都叫"院"了。感觉里面放四五个院，有点挤，要是只做"江苏第二师范学院文学院"，牌子用毛笔写着，挂在红楼门厅的外墙上，倒不失其文化风味。偌大一幢大楼，设置各类文学会堂，教室也不会嫌多，做大做强一个院系，打出名气，倒不失为促进学院发展的一条路径。在人力财力不是太充裕的情况下，"让少数人先富起来"，再"共同富裕"，是做品牌的一种策略。

　　课之余，进红楼，会老师。学院教务处设在红楼一楼西首，教务处处长蔡飞先生是我老师，我敲门走进时，他正忙着。应着敲门声，他一抬头，几乎没有搜索记忆，一口就叫出："哟，王中意！"

做学生的，如果与老师多年不相见，在遇见老师时，老师还能一口叫出自己名字，心里自然是很开心的。此类事曾经让我窘迫过。在有一次遇见我多年未见的学生时，五个学生，有四个能叫得出名字，有一个就真没想起叫什么名字，只能打了哈哈，那学生也看出来我对他没印象，整个聚会过程中，这个学生就没有像其他学生那样积极回忆当年的学生生活，而是坐那里，好像一切与他无关。

蔡飞老师当年教我们教育心理学，他博学敬业，为人也好，我们都很喜欢他。记得那时，课间我们都要围在他身边和他聊聊社会时事，拉拉家常。

师生相见，自然十分开心，我们聊起学院的变化，聊起工作的变化，聊起当时教过我们课的老师，聊起一个班的同学。说着说着，蔡飞老师竟表扬起我和我当时的同学来。他说："中意，你知道吗，我当时给你们上课，前一天晚上都要备很长时间的课，不仅要研究教材上的内容如何讲，还要备点其他材料，因为你们下课休息时都要问我问题，要是我不能侃，就没意思啦。现在的学生呀，基本没问题问，也不和老师聊天，课上玩手机，课后玩手机，都快成'失语症'了。"

告别先生走出红楼时，天色已晚。昏黄的夜色笼罩着红楼，红楼前面的路灯渐渐亮起来了。我知道，这代表学院历史的建筑不会消失，不管谁当家做主，都会保留着它，日后它也会成为文物，见证学院的发展历史。

看着进进出出的学生，想着他们或许明年后年大后年，就是我们同行了，真心希望他们茁壮成长。

35.

登阅江楼

穿过仪凤门，就到了阅江楼。

拾级而上，偶尔蹭点别的导游的讲解：阅江楼坐落在南京城西北的狮子山巅，濒临长江，与武汉黄鹤楼、岳阳岳阳楼、南昌滕王阁合称江南四大名楼。

建阅江楼的设想始于六百多年前。公元 1360 年，明太祖朱元璋在卢龙山（今狮子山）指挥八万伏兵，大败陈友谅四十万军队，奠定了大明王朝建都南京的基础。朱元璋称帝后，于公元 1374 年改卢龙山为狮子山，下诏建造阅江楼，并亲自撰写《阅江楼记》，又命众文臣每人写一篇《阅江楼记》，大学士宋濂所写为最佳，后被选入《古文观止》。六百余年来，虽有二篇《阅江楼记》流传于世，但因种种原因，楼终未建成。

"一江奔海万千里，两记呼楼六百年。"六百年后，2001 年，阅江楼终于建成。楼高五十二米，明四层暗三层，共七层。阅江楼巍峨壮观、气势磅礴，以其独特的魅力出现在人们面前。

跨过江南第一坊，一块青铜浮雕跃入眼帘，浮雕主题为"狮岭阅江"，旁边石刻"洪武六年，天下大定，以应天为中心，西南有疆七千余里,东北亦然,西北五千之上,南亦如之,北际沙漠,与南相符。是年秋日,朱元璋率大臣徐达、刘伯温、宋濂等登临卢龙山,感大江东去,爽气西来,钟山龙蟠,石城虎踞之气象,拟建阅江楼于山顶,是以察奸料敌,威镇四方"。

沿着石阶,来到阅江楼前。楼内楼外的宏伟气势我不赘述,前人之述备矣。我急着登楼阅江。

顺着楼梯,登上阅江楼顶层,眺望长江。南京长江大桥尽在眼底,这与我同年的江上大桥,在我记忆中一直就有"是我们中国人自己造的"的自豪感。"滚滚长江东逝水,浪花淘尽英雄。是非成败转头空,青山依旧在,几度夕阳红。"站在这里,尽可感受。想当初,朱元璋历尽艰辛,大定天下后,登上此山顶,定然有"普天之下,莫非王土;率土之滨,莫非王臣"之得意。

江风扑面吹来,竟无凉意。驻足此地,竟不愿离开,难得有登高望远心旷神怡之情。我不禁遐思:也不过就是六百多年,物是人非,当年雄霸天下的朱元璋竟是有缘此山而无缘此楼,而我一介草民,花四十元钱,即可登楼阅江,指点江山。要是真如《康熙王朝》电视剧主题曲《向天再借五百年》唱的那样,借给朱元璋几百年岁月,不知天下现在是何样,这阅江楼会是何样,也不知我是何样。

$36.$
百草园

　　友人打电话问我,来南京培训住在哪里。我说:"百草园。"友人开玩笑说:"怎么不住三味书屋呀。"我哈哈大笑:"百草园有美女蛇的故事呀。"

　　百草园,鲁迅笔下的一个快乐园子。"不必说碧绿的菜畦,光滑的石井栏,高大的皂荚树,紫红的桑葚;也不必说鸣蝉在树叶里长吟,肥胖的黄蜂伏在菜花上,轻捷的叫天子(云雀)忽然从草间直窜向云霄里去了。单是周围的短短的泥墙根一带,就有无限趣味。油蛉在这里低唱,蟋蟀们在这里弹琴。翻开断砖来,有时会遇见蜈蚣;还有斑蝥,倘若用手指按住它的脊梁,便会啪的一声,从后窍喷出一阵烟雾。何首乌藤和木莲藤缠络着,木莲有莲房一般的果实,何首乌有臃肿的根。有人说,何首乌根是有像人形的,吃了便可以成仙,我于是常常拔它起来,牵连不断地拔起来,也曾因此弄坏了泥墙,却从来没有见过有一块根像人样。如果不怕刺,还可以摘到覆盆子,像小珊瑚珠攒成的小球,又酸又甜,色味都比桑葚要好得远。"这段话想必很多人都会背的。百草园确实有趣,是一个奇趣无穷的儿童乐园,且还有神奇的美女蛇的故事和快乐的冬天雪地捕鸟的故事。

百草园,在江苏第二师范学院只是个宾馆。一个宾馆,几乎是与鲁迅笔下的"百草园"一点不搭边。

如果非要搭边的话——

这里可以有一个喝茶的厅,来培训的教师、校长闲着时,可以就着一杯菊花茶,或闲聊,或发呆,或看着窗外的阳光,或听着窗外的雨声。

这里可以有一个看书的厅,来培训的教师、校长课余时,可以随时拿起一本,或是散文,或是小说,或是教育文集,或是经济图书,或是时尚杂志,或是美食食谱,随便翻翻都不错。

这里可以有一个打球的厅,来培训的教师、校长下课后,可以三个一群、五个一伙,切磋切磋乒乓球球艺,较量较量羽毛球功夫,出出汗。

......

按我的想象,当然这里应该还可以有好多厅。我是按"百草园"的思路来设想的。百草园的思路就是一个"乐"字。

只是"这个可以有,这个真没有"。

我没一点责怪百草园宾馆的意思,人家只是个宾馆,百草园也只是个名字,别望文生义,吃个老婆饼,你还想吃出个老婆来?

痴人痴语。

37.
看学校

　　做校长的，学校会经常被别人看，也会经常有机会看别人的学校。我在想，看学校，究竟看什么好呢？

　　看下课。

　　如果你看到下课铃一响，全校立刻沸腾起来，学生都从教室里涌出来，有奔跑在去厕所路上的，有在教室门前打打闹闹的，有在走廊上大声叫嚷的，有扔个纸团到女孩子身上的，有写个纸条贴在男孩子后背的，有男女不分挤在一起狂笑的，上课铃一响，学生一溜烟冲进教室，整所学校一下子安静下来，那这所学校有出息。

　　如果你看到下课铃一响，全校好像不知道下课，要过三五分钟，才有部分学生蔫蔫地出来，有气无力地进厕所，课代表捧着一大叠作业本，后面还跟着一个陪伴的，几个学生鬼鬼祟祟走进教师办公室订正作业，三五分钟后，像是从着了火的房子里逃出来一样，冲出教师办公室，没几个学生在教室门前、在花坛边，就是有，也是很无聊地站着，上课铃声还没有响，校园就安静下来了，那这所学校没出息。

　　看墙壁。

如果你看到校园的墙壁上到处是海报、通知、绘画、纸条、作品,且是无序杂乱,新的贴在旧的上,大小不一,颜色不一,内容不一,有校园招聘,有活动通知,有作品展出,有人物介绍,有心情表达,有手绘的,有机扫的,有手折的,有胶粘的,有插在缝里的,有钉钉的,那这所学校有出息。

如果你看到校园墙壁上只是校训理念,干净整洁,洁白无瑕,远看是一张白纸,近看是一张白纸,最后就是一张白纸,那这所学校没出息。

看扶梯。

看学校,各类功能室、活动室必看,这也是每个校长引以为傲的,从某种意义上说,在校长眼里,功能室、活动室就代表了学校的素质教育。但大部分时候,是只见物不见人。如果你看到上下功能室的扶梯是光滑的,或者还有损坏的印迹,这说明这层的功能室、活动室是用得多的,学生在自然状态下进功能室、活动室都要碰碰摸摸的。如果看到的扶梯好像是新的,那定是平常没人扶过,或扶得不多。这当然是功能室、活动室用得多的学校有出息,功能室、活动室用得少的没出息。

当然,看学校,还有很多角度,我不一一说了,总之,窥一斑而知全豹,会看学校的,一眼就可以看出这所学校有没有出息了。

这四天,参加省义务教育优质均衡发展县(市、区)评估现场考察,少不了要看学校,说点关于看学校的想法,请大家批评指正。

$$38.$$

学校是谁的？

先说两例。

一例是蔡林森校长，当年他在洋思中学做校长时，可以这样说：学校姓蔡。蔡校长可以在上午第一节课发现问题，第二节课全校停课开会讨论；蔡校长可以要求教师一个暑假集中学习一个月，这一个月教师备课、上课、研究，搞各类教学比赛；蔡校长可以每周天天晚上开会谈问题说想法，一个会从晚上七点开到九点往后……蔡校长虽不会在大会上说"学校是我的"，但骨子里他就认为，洋思中学就是他带领大家奋斗建设起来的，当然是他说了算。后来，蔡校长退休了；后来，学校实行绩效工资了；后来，大家都认为，要是蔡校长还在，过去的方法一定行不通了，因为，后来大家才意识到，原来洋思中学也是公办学校，学校是属于全体教师的，不是属于哪个人的。

一例是潘志平校长，潘志平校长是杭州公益学校的校长，也是我在长三角名校长培训班的同学，他在经验分享时，得到了大家一致的好评，我们都为这个多才多艺的校长鼓掌。然而，在教育部中学校长培训中心万恒书记的点评中，万恒书记先是一番赞赏，然后说了一句,这学校烙上的个人印迹太深了,如果你潘志平校长退休了或调离了,那学校还能按你的思路走吗?后来的校长能不能有自己的想法?由此可见,学校还真不能是属于哪个人的。当然,我这里说的,不是学校的财产,而是学校的管理方式不能是属于哪个人的,学校发展的风格不能有过多的个人色彩。

由此,我想起一句话,一个好制度胜过一个好校长!

固然,一个好校长成就一所好学校,这话是对的,但我们深刻思考一下:如果建立一个好的学校制度,就会形成一种固有的学校文化,这种文化不会因人的变化而变化,会永远传承下去,随着时间和岁月的流逝,文化只会越来越厚重,内涵只会越来越深刻。

学校是谁的?学校当然是属于学校的。

这就是学校的一种内在的灵魂,这灵魂就是学校的信仰,这信仰不会因校长的变更而改变,不会因教师的更替而改变,不会因时代的变迁而改变。

那学校的这种内在的灵魂有什么用呢?

就是让全体教师由着这灵魂而自发生成一种内驱力,促使其在学校做事;就是让学生由着这灵魂而自发生成一种内驱力,促使其在学校发展。

这样一种像灵魂一样的信仰,不是现在每一所学校都有的,也不是三五年就能形成的,它需要经历沧桑和风雨,需要经历磨炼和考验。

我说不出我现在的学校有没有这种灵魂,但我只是想,我现在的学校,如果我不在了,也能朝着一种制度、文化去发展,大家努力工作,就好。一所学校如此,一个乡村如此,一个城市如此,一个国家如此。

呵呵,我想多了。

39.
教师应该敬畏什么

新疆阿合奇县校长、书记、骨干教师研修班在江南大学开班，我应邀去给这个班做一次讲座，我讲座的题目是"学校是谁的"。在快结束时，我留了二十分钟的时间，让阿合奇县的三位校长到讲台上来谈谈自己的想法。三位校长表达了自己内心真实的想法，谈了学校工作的难处。他们说，当江苏的老师在积极主动地开展教学研究时，他们还在为教师出勤的问题而头疼。其实像这样的问题，江苏的学校也有，就是我所在的学校也有，总归会有极少数老师需要人去管。这使我想起，教师应该敬畏什么。

教师应该敬畏职业。每一种职业都是神圣不可亵渎的。法官的公平公正，医生的救死扶伤，干部的管理服务，保洁的干净整洁，商人的诚信不欺，教师的传道授业，都需要从业者的敬畏，也就是说，你做了某一行，就要敬畏它，通过自己的工作努力，达到公平公正，做到救死扶伤，进行管理服务，达到干净整洁，达到诚信不欺，做到传道授业。如果不能，那就是一种亵渎，通俗一点说，就是不配。

教师应该敬畏德行。德行，就是从业的品质。教师的德行，就是师德，只有具有师德的人才能做教师。你是教师，那你就得为人师表,就得做学生的榜样,你的衣着、言行、举止,呈现在学生面前时,就是"师"。而这种"师"的内涵,当别人叫你老师时,就承载在你身上。因此,当老师有某种行径为人所不齿时,就会有"你还是老师吗"这样的谴责。

教师应该敬畏法度。法度,这里不仅是法律,也指学校的纪律。纪律,需要敬畏,不能依靠考核。当偶尔不能正常到校上班时,要有一种坐立不安感,这种坐立不安就是敬畏,失却了这种坐立不安,甚至觉得不怕、无所谓,那就开始失却了对法度的敬畏,慢慢就会"无法无天"。这不是往大了说,事实就会如此。

我不喜欢过多地去管教师的纪律,甚至都不太愿意去刻意进行考勤和考核。我个人主张,有事就请假,我没有不批的。但作为教师,一定要有敬畏之心。只有敬畏这份职业,才会珍惜这份职业,才会永远拥有这份职业。

公办学校的校长十分羡慕民办学校教师的管理。民办学校不会因教师出勤问题而头疼,因为教师会敬畏一种叫"聘用"的制度。在民办学校工作的老师曾经告诉我,每年暑假要和学校签下聘用合同之后心才定得下来。

民办学校的老师十分羡慕公办学校教师的稳定。公办学校是国家事业单位,不用为办学的经费发愁,教师都是国家事业单位编制,俗称"铁饭碗",虽有各种人事制度改革的信息传出,但真的还是"大锅饭"。

教师的县管校用,公立学校(公办经费,民营运作)的试行,可能会带来教育界的震动。到那时,我们可能就会发自内心地产生"敬畏"。

不管怎样,有敬畏之心,就是对自己负责。

40.

人间有味是清欢

读林清玄的书，里面一文叫《清欢》。他引用了苏轼的一首词
《浣溪沙》：

> 细雨斜风作晓寒，
> 淡烟疏柳媚晴滩。
> 入淮清洛渐漫漫。
> 雪沫乳花浮午盏，
> 蓼茸蒿笋试春盘。
> 人间有味是清欢。

林清玄说，他最喜欢的就是最后一句了，"人间有味是清欢"，
清欢就是对平静、疏淡、简朴生活的一种热爱。

一碗米饭，一碟青菜，三两块肉片，我以为是最好的饭食。

一张躺椅，一本旧书，几缕温暖阳光，我以为是最好的假日。

一泓池水，一片菱叶，七八株柳树，我以为是最美的景致。

带着一篇课文，和一帮孩子，一起吟诵，抑扬顿挫，一起议论，

争执不休,我以为是最美的事业。

然而,清欢何在?

青菜开始油腻,阳光早已斑驳,池水不再清澈,事业依然死沉。

更有甚者,心浮躁,就难觅清欢。

曾多时读不进书,竟不能慢慢品味油墨清香,而是一目十行,不知其意,更不知其深意。

曾多时不作一文,竟句不成句词不达意,语言枯涩,常常写上三四行,就搁浅不能前行。

心浮躁,人难静。

学问有三种境界,人生又何尝不是?

"昨夜西风凋碧树,独上高楼,望尽天涯路",我竟无壮志。

"衣带渐宽终不悔,为伊消得人憔悴",我竟无追寻。

"众里寻他千百度,蓦然回首,那人却在灯火阑珊处",我竟忘却自己。

人生有味是清欢,还有五十年,清欢而过。

41.
脚在走，心也变

圆规能画圆，是因为脚在走，心不变；人不能圆梦，是因为心不定，脚没动。

然而，现实是脚在走，心也变。

每个人的理想都是在不断变化的。当你面朝黄土背朝天时，你的理想是汽车、火车、飞机，外面的世界很精彩，估计谁都曾说过，要是能到某个地方，就是扫厕所我也干；当你疲惫于奔波，厌烦于灯红酒绿，生意惨败，伙伴背叛，外面的世界很无奈，估计很多人又会羡慕田园风光，特想躬耕于南阳、采菊东篱、悠然南山。在田头劳作流汗的人和在酒吧感怀的人如相遇交流，都会骂对方：得福不揣。城里的人想冲出去，城外的人想冲进来。其实说的是人的理想在变，心在变。

每个人的脚步都在走，每个人都在路上。没钱的，想让自己有钱；钱少的，想让自己钱多起来；钱多的，想让更多的人仰慕自己。很少人为自己活着，都是在想如何让与自己相关的人更爱自己或更恨自己，虽然有时自己不一定知道。大家都在过新的生活，脚步没有停过。

　　脚在走，心在变。如果是个圆规，画的不是一个圆，是一串圆，连起来就是很美的图画。

　　脚在走，心不变，是无聊的圆；脚不走，心不定，是虚无的泡沫；脚在走，心也变，或许会看到心中蔚蓝的大海。

42.
忙

医生忙了，说明生病的人多了。

警察忙了，说明不守规矩的人多了。

官员忙了，说明社会问题多了。

教师忙了，说明教育坏了。

最见不得老师监考时带着试卷在批，开会时带着试卷在批，更有厉害者，吃饭时也能边吃边批着小作业。

也见不得老师一路小跑，在教室门口守株待兔般地拎住三个学生到办公室里订正作业，或是上节课的老师还没下课，下节课的老师就在教室门口等着了。

也见不得老师一把剪刀一瓶胶水，编制各类"一日清""周周清""月月清"任务，剪刀的速度远远超过学生笔头的速度，老师还时不时抱怨学生来不及做。

教师一忙，教育就坏。

坏了孩子的眼睛，眼睛离纸片越来越近，梦想离现实就越来越远。

坏了孩子的时间，时间埋在作业本里，未来就埋进了坟墓里。

　　坏了孩子的快乐，老师忙学生会更忙，老师都没快乐，学生怎会有快乐？

　　医生不忙，百姓健康。

　　警察不忙，社会小康。

　　教师不忙，未来安康。

43.
满先的鼾声

有人知道自己睡觉打呼噜，有人不知道自己睡觉打呼噜。

满先属于后者，他不知道自己睡觉打呼噜。我和满先同住一个房间，第一天晚上，满先说，上次在南京和中职的一个校长同住一房间，那校长鼾声如雷，自己睡不好。我说："满先，你放心，我不打呼噜的。"

我喜欢先睡，但睡眠周期短，三五个小时就要醒的。我照例醒过来的时候，听到了满先的鼾声。

满先的鼾声如悠扬笛声。好似牛背上的牧童，戴着斗笠，沐着春雨，横着一根笛子，笛声平和、悠扬，不急不湍，不阻不碍，鸟不惊，花不凋，人不烦。

满先的鼾声如淙淙水声。恰如水滴岩石，叮叮、叮叮，声音清脆，如鸣佩环，节奏规矩，又如钟声，无瀑布倾泻之汹涌，无万马奔腾之咆哮，月不藏，星不躲，人不怕。

或许鼾声如人。

满先勤勉谦逊，听课认真，勤学好问。

满先乐于助人，做事勤快，为人忠善。

虽和满先相处才不到两个月,但大家都喜欢和满先在一起,谁都会时不时地搭着他的肩膀,一边走一边和他亲密交谈,满先不瘦,肩膀有肉,搭着舒坦。

现在大家公选满先为学习委员兼生活委员,满先一脸笑意,为人民服务,愿意!

听着满先的鼾声,我竟有睡意,难不成,满先兄弟的鼾声还有催眠这一功能?

估计此文一出,俺同学会争着和满先同睡,女同学除外。

满先者,韩满先也,浙江省衢州市衢江区实验中学校长,第五期长三角名校长高级研究班学员。

44.
朝着幸福的角度去想

没有人没有烦心事，没有家庭没有烦心事，没有学校没有烦心事。遇到烦心事，怎么办？朝着幸福的角度去想。

如遇贫富的纠结，就朝着幸福的角度去想。骑着自行车，空气比汽车里好，可以锻炼身体，可以欣赏路景，不用担心汽油涨价，不用担心停车，不用担心安全，这样一想，顿感幸福无比，用宝马跟你换，你还不愿意呢。

如遇有关权力的纠结，就朝着幸福的角度去想。没权最好，不用去担心摆不平，不用去思量上下逢源，不用去陪吃陪喝，在自己的天地里，看看书，赏赏花，做做分内事，与自然为友、与书本为友、与心情为友。想想，权力越少，或许从某种角度来说，幸福的浓度越高。

如遇不顺的纠结，就朝着幸福的角度去想。不顺是为了更顺，是对你的考验，是培养你的耐挫能力，甚至这样去想：不顺是给你的研究课题，你如何来对待这样的不顺？需要怎样的分析？需要怎样的策略？你想，如果，我们把不顺当作课题研究，那谁还会沮丧？研究的状态是最幸福的。

我曾对我的老师说过,我们遇到每一个人都要微笑,就是对方不笑,我也要当他笑起来就是这样的脸,这样一想,你就会很开心,至少你不会郁闷。

这个故事大家都听过:有位老太太,大女儿是卖雨伞的,小女儿是开洗衣店的。晴天,她担心大女儿的伞卖不出去,雨天,她担心小女儿洗的衣服晒不干,成天忧心忡忡。后来有人劝她:"晴天,你的小女儿衣服就晒干了,你应该替你的小女儿高兴;雨天,你的大女儿就能把伞卖出去了,你应该为你的大女儿高兴。换个角度想,无论雨天还是晴天你都应该高兴。"老人听了豁然开朗,从此面带笑容。

朝着幸福的角度去想,幸福就在身边。

45.

道和理

参加第四期长三角名校长高级研究班成果展示暨结业典礼时，南京师范大学附属中学的葛军校长作为高中组学员代表做了大会交流发言，葛军校长倡导的教育理念是"教育即生长"。葛军校长用"'理'只有一个，'道'可以各别"作了开场。

"理"只有一个，"道"可以各别，这就是"道理"。

让学生健康成长，这是学校的"理"，"理"只有一个。课程改革、素质教育，这是学校的"道"，道可以各别，不管什么样式，都是为了"理"。

让公民幸福生活，这是政府的"理"，"理"只有一个。文明城市创建、社会经济转型，这是政府的"道"，道可以各别，不管什么样式，都是为一个"理"。

想想葛军校长说这话，可能有两层意思。

一是表达，做什么事，都要有一个"理"，坚定了这个"理"，所有的"道"都要向着这个"理"去，或许有的道会直通这个理，有的道会迂回，有的道会充满鲜花和阳光，有的道会充满荆棘和坎坷，但心中的"理"是唯一的，这样就会时时有信心，就会不懈努力。

　　二是表达，"理"只有一个，但"道"不能只有一条，"道"应是千万条，条条大道通罗马，不能死脑筋。一个小孩搬石头，父亲在旁边鼓励："孩子，只要你全力以赴，一定搬得起来。"最终孩子未能搬起石头，他告诉父亲："我已经拼尽全力了！"父亲说："你没有拼尽全力，因为我在你旁边，你都没有请求我的帮助！"全力以赴就是想尽所有办法，用尽可用资源。这个故事可以从另一个角度诠释什么叫"道"可以各别。

　　突然想起，人与人相处，是否也有这样的"道理"呢。

　　"理"只有一个，就是"我快乐，你快乐，我们大家都快乐"；"道"可以各别，不干涉别人自由，不打扰别人幸福，给陌生人一个微笑。生活中，会有很多种姿态，当你呈现你的姿态时，要记得"理"只有一个，那就是"大家都开心"。

46.

家长好学生自然好

杭州第十五中教育集团西溪中学的心理健康老师在介绍她的心理教育课程时,没有过多介绍她如何对学生进行心理辅导,她说得最多的是她利用晚上或双休日的时间,开设的家长心理辅导课。

开始有这想法时,她做得有点艰难。

一个刚工作的小姑娘,打了几百个家长电话,最后只来了十八个,勉强开起班来。免费,家长也不来。

现在呢,全校家长建一个群,只要一说开班报名,一两秒,就有八九十个,这个心理健康教育教师说,用"秒杀"形容也不过分。教室只能坐八十人,一满八十,就截止报名。

我没有过多地去追问是如何达到现在这状况的,其中艰难,也是可想而知的。

对家长进行心理健康辅导,当然在这有点迷茫的世界是很有市场的。

讲如何陪孩子读书,讲如何教育孩子,讲如何适应时代发展,讲如何减压,讲如何引导孩子成长,心理教育其实是包罗万象的。

现在,这里有志愿者帮助家长网上报名,帮助维护现场秩序,帮助开展个别辅导,有家长捐助设备,有家长介绍专家或自己上台讲……杭州第十五中西溪中学家长心理健康辅导已经小有名气。

憨厚的廖忠祥校长说:"我只帮助,不干涉,我相信,家长好,学生自然好!"

家长好,学生自然好,我也相信。

47.

不知如何是好

看到一条新闻:英国《每日邮报》11 月 15 日报道,"填鸭式"教学一度在英国十分流行,但之后逐渐被提倡自主学习的教学方式所取代。不过,英国教育大臣尼克·吉布最近却提出英国学校应该重拾"全班教学"方式,因为这种传统教学模式在中国取得了成功。

吉布称,老师站在前面对全班学生授课要比学生独立学习有效率得多,而后者在过去四十年里是英国学校的主流教学方式。不久前,英国政府曾安排七十余名小学数学教师赴上海观摩数学教学,希望向中国"取经"。

真的不知如何是好。

当我们视"填鸭式"教学为教育毒瘤时,别人家却如获至宝,要来取经;当别人家视"自主学习"为"教育浩劫"时,我们却在倡导这种学习方式。

英国教育大臣呼吁学习中国,是看到了"填鸭式"教育的效率,看到了时间和资源的充分利用。

我们学习"自主学习",是感受到个性发展的重要性,是极力想培养孩子的创造性。

英国教育大臣竟然说:"过去四十年,我们一直在让学生自主学习,最终的结果是学生越来越自行其是,这四十年我们很愚蠢。"

"我们很愚蠢",这话内涵深了。

哈哈,真不知如何是好了。

48.
民办学校老师的虔诚

在学校跟岗时,我喜欢做点小动作:到教室门口走走,看看学生上课的表情;到教师办公室聊聊,看看教师的生活状态。

说真的,跟岗学校安排你听的课,和你随便到教室门口听的课,是不会一样的。

你听的课,或许真的是常态课,但是,学校一般都会安排比较好的老师来展示一下,这时,老师个人的业务素质就会在课堂上表现出来。而你在走廊里看课时,你会看到真实的课,或是老师在照本宣科,或是老师在斥责学生,或是老师在组织讨论,不是每个老师都像校长希望的那样,也不是所有老师都是一个模子里出来的。学校有一百个老师,就有一百个大大小小的世界。每个人的世界都是不一样的。

但民办学校老师的虔诚让我敬畏。

在和这些老师交谈时,他们会很小心翼翼,不太多说话;他们会敬畏学校,以学校为衣食父母;他们会有很多担忧,怕谈未来。

当我问起:"你们感觉累吗?"

没有人说累的,他们只是希望被多安排点活儿做,因为他们说："我们校长说了，干多干少不一样，干好干坏不一样，我们希望多做点，干好一点。"

当我问起："你们希望学校怎样发展好？"

他们说："希望学校能得到老百姓的认可，老百姓说好，才好，因为，我们需要学生来我们这读书。"所以，在他们的言辞中可知，学校必须办好，要让老百姓信得过，这样，他们才有饭吃。

当我问起："你们为什么选择这样的学校？"

他们说，是对自己的一种挑战，特别是从公办学校走出来的老师说，现在的公办学校太死沉了，老师年龄大，大家都不想发展，跟着跟着，也就不想努力了，他们不想就这样沉闷下去，就到民办学校来了，但感觉压力很大，原来在公办学校觉得自己有很多优越的地方，在这里都没有了，一切从头开始。

当我起身从教师办公室走出来时，这些老师像校长一样说："希望你多给我们学校提出宝贵意见，我们会更加努力！"

我感动于民办学校老师的虔诚，敬畏着民办学校老师的虔诚。

我曾经对我的同事说过，每一个人都要努力，一定要让自己值钱起来，这样，到哪里都会有饭吃。我倒担心我自己和我的同事，要是有一种混的想法，一旦体制变革，县管校用，评聘分开，我们还会有人要吗？

努力奋斗！

49.

鞋

谁都知道穿平底鞋舒服。但很多时候,你不得不穿有跟鞋,不得不穿高跟鞋,甚至不得不穿专用鞋,很多时候不是以舒服为选择鞋的标准,不同的场合、不同的地域、不同的阶段,需要你有不同的鞋,不同的鞋会带着你奔跑到最好的地方,而这时,不是鞋要让脚舒服,而是脚要适应不同的鞋。

在单位工作时,或许你不太喜欢你所做的事,但你也得努力去做好,在做好的过程中,要努力去喜欢你所做的事,职场里有一句话叫"要么忍,要么滚","滚"是需要资本的,与其"忍",不如去适应,学会喜欢,让脚适应这双鞋。

与同事相处时,不可能和每个人都能交心,别人的爱好或许就是你嫌弃的,有句话叫作"不能改变别人,就学会改变自己",改变角度,变换角色,换位思考,或许会豁然开朗,别有洞天。学会与人相处,也是让脚穿好这双鞋。

这使我想起教育界流行的一句话,"适合的教育是最好的教育"。其用意是告诉我们,教育不要教鸭子上树、不要教兔子游泳,道理当然是对的。但以"适合"为借口,会丧失教育的力道。

未来需要我们具备什么,那我们现在就要练就什么。我们的这双脚要适应未来的那双鞋。

浙江在初中阶段把政治、历史、地理合为社会课,把物理、化学、生物、地理的一部分合为科学课。原来教政治课的,现在教社会课,你得会教其中的历史、地理部分;原来教物理的,你得会教化学、生物、地理部分。你的那双脚如果只喜欢穿平底鞋就不行了,你得穿上这双高跟鞋才跟得上趟。

现在学校的教育已经开始不只是要求你只教一门学科就行,你还得会点其他东西,你得有本领去指导学生的社团,这就得学习,"双师型"教师是对未来教师的必然要求。未来需要你是什么样的,你现在就得向什么样的方向去努力,穿上这双你别无选择的鞋去奔跑。

要记得,刚开始时会觉得硌脚,时间长了,就好了。

50.

数学课要"猜"

我经常听数学课的，也经常和数学老师聊怎样上数学课。这里说说我对数学课的想法。

数学课要"猜"。

一般的数学课，大体分三个阶段：第一个阶段是教师讲授一个数学知识点；第二个阶段是教师和学生一起来用这个知识点解决问题，或是两三个例题，或是五六道习题；第三个阶段要加深点难度，叫作拓展，让学生再做几道难度稍大一点的题目。

课大体是这样上，当然，会点花样的数学老师，在教学环节中会采用启发式教学，会注重个性化发展。

很少看到数学老师在教学中会让学生去"猜"。

我这里说的"猜"，是指培养学生的一种推断预测能力，而这种推断预测能力对学生将来做事非常重要。

如学习"勾股定理"时，在通过教学让学生搞清楚了"勾股定理"的由来和具体内容后，可以设置让学生去"猜"这个勾股定理会用到哪里的环节。学生就会想到：有两边就可以知道第三边；有三边就可以知道是否是直角；有直角，就可以知道三边关系；等等。

如果有这样的一个"猜"的过程,经过全班同学的集思广益,就可能把勾股定理在各类题目当中的应用都猜出来。这时,我们再出实际例题,学生就会很快解决问题。

由已知的一种数学知识,去"猜"它将在哪种情境下出现,这是一种推断,也是一种预测,慢慢地,学生就会养成这种推断预测能力。这种能力在将来的工作中很有用,能帮助学生提升由一种现状去推断预测这种现状在未来事务中的应用的能力,由此来做出正确决策。学会这种能力,将来做小生意有用,办公司有用,做公务员更有用。

51.
语文课要"读"

　　曾有人调侃过语文老师"上辈子杀猪，这辈子教书，上辈子杀人，这辈子教语文"，这说的是语文难教，做语文老师难。

　　听了很多的语文课，自己也教语文，语文界的专家是最多的，语文课怎么教，各种议论最多。

　　我以为语文课还是要以"读"为主。

　　一要大声读。试想，有多少课文，我们让学生大声去读了？短课文还行，要是遇到长的课文，就很少会安排时间让学生去大声读。所以，试想，我们对学过的课文，除了当年要求背诵的课文外，还有多少篇能有印象？

　　二是单独读。教师上课时，经常会让大家一齐来读某一段，让学生单独读的机会不是太多。而无学生单独的读，每个学生不能听到自己的声音，那对课文也不会有什么印象。

　　把这两点连起来，就是要让学生大声单独读课文。

　　让学生大声单独读课文，能让学生自个儿亲近文字，在读中，学生会对文字产生情感，会不由自主地去理解它、去品析它。有时，理解和品析不一定要说出来，更不一定要写出来的，心中明白就行,就像喝咖啡,那滋味不是可以说出来的,心知道就行。

但现在的语文课,让学生大声单独读课文的,不是太多。老师做得比较多的,是在分析,分析就是"用小心之心度君子之腹"。子非鱼,焉知鱼之乐?我们不是作者本人,作者本人也没有说自己的想法,为什么我们后人老是要去臆断作者写这话的用意呢?

一篇课文,七分读,三分析。试想,如果学生能大声地、自在地、摇头晃脑地读课文,估计他将来会记得这课文,如果只是在臆断其为什么这么写,这样写有什么好处,除了考试时有用,其他时候估计用处不大。

我颇为羡慕古人读书,先生不多讲,就是学生自己读,也会读得沉醉,其实读多了,也就会"其义自见"了。

当然,古人考试,也不考阅读分析的。

突然想到,现在的考试,或许不是在考学生将来会用到什么样的知识,而是在和学生捉迷藏,努力考的不是学生学的,而是要让学生猜不到。有意思吗?

52.

咳嗽

世界上有两件事是无法掩饰的,爱和咳嗽。

我一般从感冒的第三天开始咳嗽。我的感冒都是按程序来的:第一天嗓子有点不舒服,第二天咽喉开始疼,第三天开始咳嗽,第四天在咳嗽,第五天在咳嗽,咳嗽要持续三天,第六天咳嗽减缓,第七天停止咳嗽,第八天开始恢复正常。

虽然有人说感冒无论吃不吃药,都是一周就好,但每次感冒我还是要吃药,对于我这样身体比较孱弱的人来说,要是不吃药,可能要好得慢些。吃得最多的还是止咳糖浆,虽然我极不喜欢吃甜。

我一般晚上会咳嗽得很厉害。呼吸发痒,一痒就想咳嗽,有时连续痒,就连续咳嗽,痒得厉害时,会咳嗽几分钟,休息半分钟,这样持续几个小时。从身体感受上讲,咳嗽就是在挠痒,因为痒得厉害,就得不停地挠,人的身体真是奇妙。

咳嗽的声音是无法掩饰的。

今天晚上我又和满先一个房间,我边咳边睡,慢慢还是睡着了,后又咳醒了。当我咳醒时,竟没有听到满先的鼾声。就在我失望时,鼾声起,满先兄弟开始上场,好似从我手里接过麦克风,一阵又一阵悠扬的鼾声在不大的房间内回荡。

不用猜,是我的咳嗽让满先睡得迷迷糊糊,当我咳嗽停止时,满先才进入状态,踏实睡去了。

起来想冲点止咳糖浆喝,发现房间里烧水的壶竟然是满的,外壁还是热的,莫不是满先知道我要起来冲止咳糖浆?

世界上有两件事是无法掩饰的,咳嗽和爱!

53.

人要有梦想，万一实现了呢

上小学时，我曾经想，全世界有几十亿人，要是每人给我一分钱，那我也有几千万了呀。就给我一分钱，对于每一个人来说，也不难呀，再穷的人也拿得出来。

我现在也开始老了，当想起儿时这童话似的梦想时，有时会心里发笑，不知是笑自己痴，还是笑世人小气。

这次马云在世界互联网大会的发言中说：没有人通过鲨鱼、鲸鱼赚出钱来，只能从虾米肉里面挖出钱来，每个人身上拿出一点点，把这个聚集起来，一定可以的。当然，你要每一个人拿出一点点，你就必须为每个个体创造独特的价值，这是别的技术公司做不到的，所以十五年以来阿里巴巴只专注于中小企业。我们也不是第一天想明白这个模式的，我们也犯了无数错误，直到七八年以前我们明白一个道理，要想帮助小企业，就必须建立一个生态系统。阿里巴巴就是这样做的。

我儿时的梦想竟和马云一样，只不过马云找到了让全世界每一个人都给他一分钱的方法，几乎全世界的人都正在给他钱，而且不是只给一次，也不是给一分钱了。

这真应了马云的一句话：人要有梦想，万一实现了呢。

我的梦想只是笑话而已，我清醒得很。但对于经商者来说，眼光很重要。

胡雪岩说，生意越来越难做，越难做越是有机会，关键是你的眼光。如果你的眼光看到一个省，就做一个省的生意；你的眼光看到全中国，做的就是全中国的生意；你的眼光看到全世界，你就有机会做全世界的生意；你的眼光看到今天，你就做今天的生意；你的眼光看到十年以后，你就做十年以后的生意。

曾经想过，要是不当老师，不知我经商会如何。

举一例。

在 2000 年之际，我曾经有个这样的策划：收集征订一千份各大报纸，从国际到国家到省市到地方的小报。把报纸储存起来。十年后，二十年后，甚至五十年后，八十年后，把当年收集的报纸按同一天进行归类装饰，做成十岁生日、二十岁生日、五十岁生日、八十岁生日的礼物，这份礼物就是告诉收礼物的人，在他出生的这一天，世界、中国、江苏、泰兴、黄桥伴随着他的出生而发生的大大小小的事，而其中，最重要的事就是他的出生。

设想，在十岁生日、二十岁生日、五十岁生日、八十岁生日时，你收到这份礼物，你还在乎给几个钱吗？

要真这样做，每天会有多少人过十岁生日、二十岁生日、五十岁、八十岁生日？江苏会有多少？中国会有多少？全世界会有多少？每一个人给我的可能也不是一分钱，我会赚多少钱？数后面的零吧……

天亮了，梦醒了。

54.

校长不在

外出培训时间长，其实最牵挂的还是学校。校长不在，学校会怎么样呢？

事实上，校长不在，学校照常运转。学校和其他单位不一样，我经常说，不管发生什么事，只要第二天一早，校长站在校门口，看到学生陆续来了，看到老师陆续来了，新的一天就开始啦。一切如同升起的太阳，昨天的喜怒哀乐，都会随着新的一天到来而过去。

虽不在学校，但每天只要有空，我总会看看 QQ 群，总会看看短信，总会了解学校每个时段在做什么事。当看到在校主持工作的校长有条不紊地布置工作、分管校长强有力地管理分内工作、各部门的同志都在通过载体布置、监管、检查相关工作时，我总在心中窃喜，校长在时，不也是如此吗？只不过多了一个人而已。

这时，我在想，校长的作用究竟是什么？

校长只是个支撑。说真的，我做过多年副校长，也一直努力做事。当时，做事最放心的一点就是，积极做事就好，就是做过头了，也还有校长挡着。校长，只是个牌子，是所有学校的校级管理者、中层管理者，是学校所有老师做事的一个支撑。所以，当校长一定要有这个胆识,可以给单位一个支撑。

校长只是个方向。现在,很多学校管理研究都在提校长的领导力,比如课程领导力、人格领导力,其实,这些说的都是校长在学校的作用,即校长就是一个方向。校长的思想一定要具有前瞻性,一定要代表学校发展的方向,有了这个方向,学校才能走得更远。

校长也是个出气筒、受气包。工作不可能没有怨气,但有了怨气,到哪里倾诉?到校长这里。特别欣赏有些校长,在办公室里放置茶具,副校长有想法,坐下来,先品茶再说话;中层有想法,先品茶再说话;教师有想法,先品茶再说话;学生有想法,先喝茶再说话。真的,一杯茶水喝下去,怨气会消一半。

做校长,不只是要有理念,还要会"消失"。校长不在,学校照常,这才是有生命力的学校。

当然,校长不在时,能接到同事私人请吃小吃喝小酒的信息,也是在外面培训时的"小确幸"啦。

杭州市公益学校校长阿潘哥说,学校就是相亲相爱一家人!

点赞!

55.

嘻嘻哈哈张人利

　　在上海，没有不知道张人利校长的。张人利校长 1948 年出生，是上海特级校长，现在还担任上海静安区教育学院附校校长。

　　没见张人利校长时，听人说，上海有两个初中校长很牛，一个是张人利，一个是刘京海。很有幸，这个培训，在这两个校长的学校跟岗学习。

　　张人利校长很厉害。

　　静安区教育学院附校，小学六亩地，初中九亩地，是九年一贯制学校，在上海的中心地带，周边房价快达到十万一平方米了，在这样的学校做校长当然很牛。

　　但张人利的厉害不是在这里。

　　他在给我们做介绍时说了几个不好意思：语文考试，一百五十分的试卷，学校均分一百三十七，不好意思；中考成绩，十多年全市第一，不好意思；绿色考核指标多项指标超出全市平均水平百分之四十，不好意思。说话的口气当然有点骄傲。

　　但人家骄傲得起来呀。

　　所以，当他在谈到"后茶馆式教学"时，就很有底气。因此，他现在骄傲地说:"我们不和人家比,我们只和我们的过去比。"

张人利校长一大早就陪着我们长三角第五期名校长高级研究班的学员,谈自己的人生经历、谈他学校的教育教学改革、谈学校管理的种种难处,很接地气,他边说边笑,每说一点,都要问:"我说得对吗?"

我坐在他旁边,每次他哈哈大笑时,我都不由自主地哈哈大笑起来。

他说,今年,到北京接受国家基础教育教学成果一等奖授奖时,受到习近平总书记的接见。在安排座位时,前面要安排年纪大的同志坐,他因站的时间长,想坐下来,工作人员就说:"你这么年轻还想坐。"张人利校长听后哈哈大笑说:"好,我年轻,我就站着!"

嘻嘻哈哈的张人利,我们喜欢!

56.
"明星闪亮 30 分"

　　在上海静安区教育学院附校的操场上,有一个露天舞台,舞台旁边竖着一个牌子:明星闪亮 30 分。

　　张人利校长介绍,在每周固定一个时间,时长 30 分钟,全校师生不进行其他教育教学活动,学校操场好似一个大的茶馆,大家或坐或站,或说或笑,或走或停,舞台就在前面,谁都可以上台展示一下,或高歌一曲,或耍个杂技,或演个魔术,或来个合唱,或进行诗朗诵,或说个笑话,或讲个故事,或来个街舞,下面的观众,想看就看,不想看就坐、就躺、就站,或随便走走聊聊,就像在街头广场,一切处于随心所欲之中。

　　"不怕你没本事,就怕你不上来。"这个"明星闪亮 30 分"的口号,意味着只要上来,就是明星。对于静教院附校这样的学校来说,从来就不缺明星,只缺舞台。所以,一旦有了舞台,孩子就争先恐后地上台展示了,那个热闹就不说了,每场"明星闪亮 30 分"都会产生很多明星。

　　不需说,这 30 分钟,是学生每周都期待的。

　　其实,一周也就用了 30 分钟时间,不影响学生任何功课的学习。其实,也就是一个简陋的舞台,哪个学校都置得起的。但却很少有学校做到,这是因为,我们脑袋里还有古板的东西在作祟。

57.
说说国际教育交流

　　交流，应该明白以下三点才算得上有成效的交流：一是你拿出什么给别人，你要做好准备；二是你从别人那里拿到什么，你要做好准备；三是别人的和你自己的结合起来，对你有没有后续影响。

　　由此，我结合蚌埠六中国际教育交流的经验和成效来说说国际教育交流。

　　蚌埠六中从 2009 年起，就与美国马萨诸塞州麦德菲尔德学校进行项目合作交流，至今已有五年时间。这五年时间，两校共互访交流十七次，蚌埠六中共派出十六位老师二十八名学生赴美国访问，美方共派出八位老师和三十位学生访问蚌埠六中。

　　蚌埠六中国际交流部主任李红老师向我们介绍了这五年交流的具体做法，很值得我们借鉴。

　　一是教师互教。同期互派老师到对方学校教课，传播文化。李红老师在美国学校教学生中文，走进美国家庭，传播中国传统文化，受到美国孩子的喜欢，李红老师的课被当地政府称为"孔子课堂"。同期美国的老师到蚌埠六中来，短短一个半月，给蚌埠六中的孩子上了六十节课，参加了蚌埠六中的各种校园活动，孩子们十分喜欢美国的老师。

二是学生互学。两校分别派出学生到对方学校感受不同的教学理念和教学方法，同时参与各类活动，走进社区和家庭。每次学生出发前，双方学校都很重视，从安全保障到活动策划，都做了精心的准备和安排。学生锻炼了自己，开阔了视野。

三是同办活动。两校这五年，多次一起举行活动，从体育比赛到艺术表演，还在蚌埠举行的一场音乐会，轰动了整个蚌埠城。

结合李老师的叙述，我说说对国际教育交流的几点想法。

一是要记得我拿什么去交流，这得准备好。不管是老师还是学生，都要做精心的准备。这就要求我们了解自己的文化，能展示自己的文化，既要有地方的，也要有民族的，更要有国家的。这对一所学校来说，对全体师生来说，是一个刺激性很强的动力，会有很多老师和学生用心去准备、等待选拔，而这一个学习和提高的过程。蚌埠六中的每次交流都会有不同的主题，围绕主题去策划商量"拿什么去"，这种做法很好。

二是要记得怎么接受和学习对方交流过来的文化和技能，这也得准备好。到了对方国家，不是只看风光，更要去了解，去体验，既要尊重对方的风俗习惯和法律法规，更要了解和学习对方的经验，一句话，不能白来。这个过程，当然会有提高的。

三是要记得总结提高。每阶段交流结束，都要有交流成果汇报，都要把成果汇编成册。这对交流来说，是一次梳理和总结，是对自己的提升，也是文化效应的辐射和扩大。

对于每次能有机会参加交流的老师和学生来说，这段经历会终生难忘；对于没有去的老师和学生来说，能听到、看到去的老师和学生带回来的成果，也是一种快乐。

现在参与国际教育交流的学校渐渐多起来了,做法好的学校也很多,比如珠海七中、蚌埠六中等。进行国际交流,我还是要提醒开头的三点:我拿什么去,我带什么回来,回来后我会有何变化。充分准备,做到这三点,交流一定有成效。

58.

豆腐宴

晚上一朋友请吃饭,说吃豆腐宴,我很奇怪:一方豆腐,还能做出哪些花样?

现做卤豆腐。一只小坛,内放少许葡萄糖,冲满豆浆,静等三分钟,一小坛卤豆腐就做好了。上点佐料,小勺轻送,到嘴里软得竟像没有,只喉咙感到一阵醇香的豆味穿过。

豆腐皮水饺。一盆水煮水饺,水饺皮竟是豆腐做的。薄薄豆腐皮,小小细肉馅,水饺模样。当盛到碗里时,清纯的样子,竟让人舍不得下口。送上一只到口里,用不到牙齿,只一抿,就化了,满嘴的香。

豆腐馅米老鼠。成品是米老鼠模样,外为糯米,内包豆腐,黑芝麻为眼睛,胡萝卜丝为尾巴,模样好俊俏。送一只"米老鼠"到嘴里,轻轻一咬,豆腐浆就溢出来了,混着米香,那滋味说不出的美妙。

豆腐块、豆腐条、豆腐丝,以豆腐为表,以豆腐为内,佐以各类调料,配出几十种豆腐菜,千滋百味,饱了口福,开了眼界。

一方豆腐,竟可以做成上百种菜肴,成就上千种滋味。何也?

　　我思量:这完全在于这豆腐在你眼里是什么,你把它看作水饺,那它就可以是水饺,你把它看作米老鼠,那它就可以是米老鼠,你把它看作什么,那它就可以成为什么。

　　生活也是如此。

　　孩子在你眼里是什么,那他就可以成为什么;学校在你眼里是什么,那学校就可以成为什么;困难在你眼里是什么,那困难就可以成为什么;幸福在你眼里是什么,那幸福就可以成为什么。

　　所以,我们要往美好的方向去想,要朝幸福的方向去想。用美的眼神看世界,那世界就是美的。

　　世界是什么? 世界就是你凝视它的目光。

　　因此,我喜欢把别人都当好人,我相信,我把别人都当好人,那别人就是好人。

59.

记得别人的好

在蚌埠六中听了七(8)班的一节主题班会课,主题是"我爱我班"。

主题班会由四个学生主持,一共五个议程。

一是热场,全班都要动起来,大家彼此之间握握手、拍拍肩,相互说"和你一起,我很开心",非同桌之间、男女之间、师生之间、两个之间、三四个之间,都行。班级顿时沸腾起来,看得出,大家很兴奋,很开心。

二是播放一段短片,短片展示了进入初中两个月以来大家相处的镜头,有一起参加学校活动的镜头,有一起完成班级任务的镜头,有小组合作学习的镜头,有班级值班劳动的镜头,有相互帮助的镜头,配着感人的音乐,看得出,同学们很沉浸其中,很享受相处的快乐。

三是说说彼此之间的感动。主持人出示了说话的格式:_____同学的(关心集体、乐于助人、积极进取、勇于担当、吃苦耐劳……)感动了我,具体表现在_____。在大家稍稍回忆之后,大家争着诉说自己的感动,有说同学为班级争光的,有说同学给自己帮助的,有说同学勇于担当的,有说同学吃苦耐劳的。每说到一个同学时,大家都会向这个同学投去敬佩的目光,看得出,说的同学充满情感,听的同学也很感动。

四是小组合作进行"风雨同舟"游戏,一个组六个人,要想办法站在一张对折的报纸上,脚不能超过报纸,报纸不能损坏。一下子,教室里热闹起来。各小组都一起商量着,其中不缺争执,大家都尝试着希望能成功。结果六个小组成功,三个小组失败。成功的小组说着他们的计策,失败的小组说着他们的遗憾。

五是班主任老师做小结,他说,希望大家用心相处、合作团结、互敬互爱,这样大家才会快乐,每一个人才会快乐。

这次主题班会课,使我想起香港培文小学的"天使计划"和"年终小结"。

在香港培文小学,有一个"天使计划",同事之间,彼此做对方的"天使",每周会有"天使"带给你一份幸福,但你不会知道这个"天使"是谁,大家既是"天使",又是被"天使"关爱的人。当你一下课,说不定就会在你的办公桌上看到一枚煮熟的鸡蛋,上面附着一张纸,纸上写道:知道你没吃早饭就来上第一节课,送上一枚鸡蛋,填一下肚子,你会开心一点。我们可以想象,在一个单位里,我是你的"天使",你是我的"天使",每天我们享受到"天使"送来的惊喜,每天我们又都是"天使"给他人带去快乐,单位是多么美好的地方。

在香港培文小学,每年的"年终小结",由师生一起写,它也有一个固定的格式:回顾这一年,我很欣赏_____,因为他(她)成功_____;回顾这一年,我很感谢_____,因为他(她)的帮助,使我成功_____。看看这样的年终小结,完全是"和你在一起,我很快乐"。

人与人之间,一定要记得别人的好,这样你才快乐。

60.
"蚌埠非物质文化遗产"

走进"蚌埠非物质文化遗产",纯粹是被这个店名所吸引,店名就叫"蚌埠非物质文化遗产",是个吃早点的地方。

早点就两种,一是汤圆,二是馄饨。要吃,还得排队。我要了一碗馄饨,两只汤圆,坐下来慢慢吃。

先吃汤圆。两只汤圆半碗汤,下到肚里喜洋洋。捞起一只,轻轻一咬,一点都不粘牙,糯米的醇香、肉馅的润滑,让你舍不得不再咬一口。

再吃馄饨。一碗馄饨分量很足,碗大,只数也多。未尝先嗅,就感到一股香气直冲鼻腔。看那只只馄饨,如披一层薄纱,隐约可见肉馅,如浣纱西施,又似抚琴貂蝉,美哉诱哉。馄饨味美不必说。诸多美食中,我独喜食扁食,扁食是馄饨的小名。

一肚子的"蚌埠非物质文化遗产",站起来想走的时候,被店内墙上的几段文字吸引:"排队"是序幕,"端碗"是前奏,"喝汤"则是打开你的味觉,"开吃"就是你的收获。只有经过这几个步骤,才能品味出真正的滋味,说白了这和农民种地一样一样的。

汤圆卖双不卖单,不仅仅蕴含好事成双的祝福,实际上吃一只是吃,吃两只是品,意在告诉人们人生有不同的境界,需要你去品味。

不会承诺每次都能盛到你想要的汤圆,人生也是如此,计划没有变化快。这也是人生的乐趣之一。

原来"文化"在于此,吃的是美食,品的是滋味,悟的是人生。

61.
解大柱的眼泪

　　解大柱,是安徽蚌埠新城实验学校的校长,第五期长三角名校长高级研究班初中组的导师,我们最后一个跟岗学校的校长。他大高个子,绝对的男子汉,就这样一个顶天立地的男人,竟在这次八(6)班的主题班会课上受邀讲话时,流下了眼泪。

　　八(6)班以"飞扬梦想"为主题公开展示了一节主题班会课,在两位小主持人的组织下,班级同学从名人立志的故事说起,谈到各自的梦想,还设想了二十年后的自己。这时,在主持人的邀请下,解大柱校长走上讲台,给同学们讲了两个故事。

　　一个故事是解大柱校长偶遇学校的一个毕业生,学生是个送水工,遇见大柱校长不好意思装不认识,大柱校长停下步子,主动和这个毕业了的学生拉起了家常,没有一点看不起的意思,表达了只要是劳动所得就是很光荣和幸福的意思,并且邀请这个学生回学校看看。由此,解大柱校长说,快到年底了,学校要评先进,他想提名在学校做保洁的朱阿姨,因为朱阿姨整天在学校做保洁,不叫苦,不叫累,还很快乐的样子。解大柱校长动情地说,这个社会需要更多的平凡人,可能现在我们的梦想很"高大上",但毕竟支撑这个社会的,是一群基层的劳动者,就像金字塔一样,一大批最普通的劳动者筑就了社会最坚实的基础,我们不仅仅是尊重他们,更要成为他们。

接着解大柱校长讲了第二个故事,是关于自己、同事和学校的故事。他说,这所学校从 2005 年创立起,就像一个刚出生的娃娃,一天一天长大。他深爱着这所学校,深爱这所学校的老师和学生。是全体老师的努力和一届又一届学生的勤奋,铸就了今天的新城实验学校,他从内心感谢全体老师和全体同学。这么多年,这么多老师跟着他这么辛苦,这么勤劳,大家一起在为实现一个共同的梦想努力着,把学校办成全省一流、全国知名的学生满意的好学校。为着这个梦想,他一直用陪着孩子的心守在学校,他说,每一届学生在毕业之际,他都要不时地去看他们,甚至坚持一有空就坐到教室里陪他们一起学习。初三的学生临毕业时,都舍不得离开学校,他也舍不得离开孩子们。这时,解大柱校长控制不住了,眼泪流下来了,声音开始哽咽……

最后解大柱校长说:"今天是我们初二的学生在谈自己的梦想,我在这里也说说我的梦想,我的梦想就是带领大家把学校办好,明年你们毕业时,我也陪着你们,你们进入好的学校,就是我的梦想!"

我从这个身高一米八的男人身上感受到了他内心极其丰富的世界:作为一个教育人的情怀,就是办好教育,办好学校,创造每一个孩子都能实现自己梦想的云梯。

大柱的眼泪,是梦想的眼泪。

62.

你知道孩子会有哪些错误吗？

在蚌埠新城实验学校听了一节语文课，讲的是四年级的课文《欲速则不达》，当老师问到晏婴是什么人时，一个学生站起来说："晏婴是齐景公的儿子。"众座哗然。这时，老师也是一脸的惊诧，随口问了一句："为什么说是齐景公的儿子呢？"这个学生说："婴，就是小孩子的意思，所以，他是齐景公的儿子。"当然，后来，在老师的引导下，这个学生终于明白，晏婴，是个人名，是齐景公的丞相。

接着又听了一节四年级的数学课，老师讲的是"旋转"，老师精心设计，在最后的环节让学生画出一个三角形旋转 90 度后的形状，一个学生画了，旋转的方向是对的，旋转的度数是对的，但画的大小不对，和原图形比，只是原来的一半大小。当然，后来，在老师的指导下，学生终于明白，旋转过后，原来的大小和形状是不变的。

这两个学生犯的错误，可以说都是很低级的，也是老师不会想到的。因为，从常理看，正常思维的人是不会有这样的想法的。

但每一个学生都有自己的思维，或许不合常理，但存在。我们只是不知道他们会有这样的错误。因为我们最多只是和一般学生一样去想，没有顾及有特殊思维的学生的想法。

　　这使我想起上海静安区教育学院附校张人利的思想的关键词"相异构想"，张人利校长提醒的就是，我们要关注孩子的不同想法，特别是怪异的想法，要用善心去对待。

　　这世界其实没有聪明与不聪明之分，只有想法得到认同与不认同之说。每一个人都是上帝咬过的苹果，每个人都有思维的独特性，可能特殊思维在常人眼里是思维的缺陷，可每一个人也都是命运的宠儿。每个人都曾有过不可理喻的想法，但这并不表明他就是个呆子。

　　我在六岁时，一直认为，周总理和周恩来是两个人。

　　就是几年前，我在运河东路上开车时，也以为一直向前开就会开到运河西路。

　　你会说，我很笨吗？

　　笨是有点的，但不能说"很"吧。

　　睡觉。

63.
劳动是最好的奖励

前日看《扬子晚报》,幸闻一条消息:中国药科大学药学院党总支将劳动作为一种荣誉,奖励在校各方面表现优秀的大学生,组织他们到校园内的图书馆、食堂、体育馆等公共场所及幕府山庄社区等互建单位进行义务劳动,并张榜公布。受奖励的学生显得很兴奋,没被派上的同学表示要积极向身边的优秀同学学习,争取自己以后也能参加这样的活动。

读到这则消息,我很兴奋。这使我想起在上小学时,班级都是在学期的最后一天评选三好学生。三好学生被评出来后,班主任在放假前会说,请评上三好学生的同学留下来打扫教室。这时,其他同学都非常羡慕、非常遗憾地背起书包回家,评上三好学生的五六个同学很骄傲地走到教室前面拿起工具,不用分工打扫起教室。瞧,劳动是一种奖励!我曾多次有过这样的劳动,那时心里是很开心很兴奋的,劳动时几个同学合作也是最好的,真不用讨论谁打扫哪一块、谁来处理垃圾,大家都是非常默契地做好做完,最后在班主任的嘱咐下开开心心拿着奖状回家。

光荣劳动,劳动光荣。把劳动少作为一种惩罚,多作为一种奖励，不失为一种更有效的教育方法。在年终岁末，那么多取得优秀成绩或有了进步的孩子在等待老师、家长的奖励时，我们何不改革一下奖励的方法，把劳动作为一种奖励，让孩子去做一些力所能及的事，使孩子在这种奖励性的劳动中感受到劳动的快乐呢？

劳动是最好的奖励，远比奖状、奖品、奖金给孩子带来的效益大得多，希望天下望子成龙、望女成凤的家长，试试这个方法，劳动是子成龙、女成凤的根本。

64.
遇见美好

于千万人之中遇见你所要遇见的人，于千万年之中，时间的无涯的荒野里，没有早一步，也没有晚一步，刚巧赶上了，那也没有别的话可说，惟有轻轻地问一声："噢，你也在这里吗？"

——张爱玲

遇见分明是一种缘分。在华东师范大学，我们相识，犹如丽娃河边初恋的情侣，那时我们还有点羞涩；在江苏教育行政干部培训中心，我们相知，犹如百草园门前走过的青春，那时我们开始交心；在八所跟岗的学校，我们相好，犹如手足，犹如鱼水，犹如不可或缺的空气，慢慢，大家就像一家人一样，彼此关心，彼此照顾。现在，我们真的和进行培训的专家、和基地的学校、和一个班的学员，成了最好最好的朋友。培训，让我们成了朋友；培训，让我们遇见了美好。

理论培训，让我们遇见了专家的美好。

安徽省教育厅的李明阳先生说"中"，江苏省教育厅的朱卫国先生说"德",上海市教育委员会的尹后庆先生说"仁",浙江省教育厅的庄华洁女士说"爱",教育部中学校长培训中心主任代蕊华教授说"智";江苏省常州市居丽琴女士的"推销希望",华东师范大学陈玉昆先生的"慕课",教育部中学校长培训中心王俭教授的"人即经历",中国浦东干部学院教务主任郑金洲先生的"尴尬的教师";不用PPT的杨启亮教授,长得很帅的张小东教授,犹如邻家小妹般温馨的季春梅主任,谈静心教书的严华银主任,谈灵动管理的刘明远主任,虽只见了一面但看一眼就令人膜拜的何伟强院长……这里不再一一列举,渊博的知识、深刻的见解、幽默的语言、活跃的气氛,让我们发现专家的美好。

影子培训,让我们遇见学校的美好。

上海市奉贤中学的"激发潜能"世界大会,教师可以喝酒的上海曹杨二中,功能室齐全的上海风华初级中学,江苏常州二十四中的"分层教学",苏州景范中学的"文化底蕴",杭州建兰中学的"让子弹飞",杭州第十五中的"名誉校长",上海闸北八中的"成功教育",上海静教院附校的"后茶馆式"教学,安徽蚌埠六中王书记的笑声,安徽蚌埠新城实验学校校长的眼泪……跟岗的学校各具特色,尽情呈现,我们犹如走进百花园,在赞叹中学习,在交流中联盟,在学习中提升。参观、考察、跟岗,影子式的培训,让我们遇见了学校的美好。

相识相知,相亲相爱,培训让我们遇见了自己的美好。

从没有见过培训班学员分别时还哭的,在安徽蚌埠结束集中培训时,三十个学员校长在相互告别时,都流下了依依惜别的眼泪。人到中年,容易伤感,在一起四个月,彼此相互欣赏、相互学习、相互交流。我们三十个校长,来自三十所学校,从培训开始到今天，大家进行校际互访，或开展班主任专题交流，或进行学科组专题访问，或进行行政管理相互学习等，互访已经超过二十次。今年春天，风和日丽，浙江桐乡现代实验学校举行校园文化建设展示与交流活动，第五期长三角中小学名校长培训班初中班三十所学校全员参加，我们学员校长进行课堂教学的展示、开设论坛活动，大家都感觉到长三角三省一市初中学校既有鱼米之乡教育的温和，又有山水人家的大气与美丽。三十位校长，三十所学校，在交融中我们大家都会记住苏州草桥中学的"苏式教育"、无锡新安中学的"每一个人都很重要"、镇江丹阳实验学校的"自然自主自在"、上海嘉定区马陆育才联合中学的"以竹为友"、杭州公益学校的"做最好的老师"、宁波鄞州实验中学的"品正学芳"、安徽蚌埠九中的"以人为本，体艺见长"……培训，让我们遇见了自己的美好。

　　培训，就是提高高度，有了高度，自然不同凡响。在培训中，我们遇见了美好；在培训后，我们会创造美好！

65.

活着的理由

每教一届学生，在引导他们阅读世界名著《钢铁是怎样炼成的》这部书时，我都要求他们去背保尔的一段名言："人最宝贵的是生命。生命属于人只有一次。人的一生应当这样度过：当他回首往事的时候，不会因为碌碌无为、虚度年华而悔恨，也不会因为为人卑劣、生活庸俗而羞愧。这样，在临终的时候，他就能够说：'我已把自己的整个的生命和全部的精力献给了世界上最壮丽的事业——为人类的解放而奋斗。'"

每次在学生背熟之后，我都要举行一个小小的讨论会，主题就是"人为什么而活着"。就着这个话题让同学们去讨论发言。同学们对这个话题很感兴趣，个个发言都很踊跃。

"我要和保尔一样，为将来能替人类做贡献而活着，我的人生就是要做伟大的事业。"

"我为社会而活着，现在社会在培养我们，将来我们要为社会做贡献。"

"我为我的家人活着，我爸妈很疼我，他们常说我是他们的心肝宝贝，我要为他们而活着，将来让他们过上好日子。"

"我要为自己而活着,我要创造美好的人生,活得精彩,不枉来到这个世上。"

……

同学们的发言赢得了大家的阵阵掌声,我心里也非常开心,因为从大家的发言中,我感觉这个讨论会达到了教育的目的。最后我要小结一下,启发大家人活着要有目标,要有理想,要能做一个对社会有用的人。

然而,在今年带的这个班里,我在举行这个讨论会时,一个同学的发言,让我震撼了。

这是一个平时不善言辞的同学,长相一般,成绩一般,活动表现也一般,属于新带一个班最后才认识的学生。

和以往一样,大家都很激情地发言,就在我要小结时,这个同学胆怯地看着我,我想她一定有话要说,就让她站起来说几句。

她声音很小:"人活着一定要有理由吗?要没理由,那是不是就不要……"

虽然声音很小,但教室里所有的人都听到了,大家都沉默起来,教室里一下子死一般的寂静。

我震撼了。"人活着一定要有理由吗?要没理由,那是不是就不要……"我们谁想过?我们敢想吗?

人活着真的需要一个理由吗?

芸芸众生,凡人多多,真正成为伟人的毕竟是少数,这少数人确定是为着人类、为着社会而活着,值得我们敬佩。但在普通人中,为爱自己的人和自己爱着的人活着的不在少数,活着是为了别人的幸福。纯粹为了自己而活着的人当然有,为了个体的精彩,为了生命的彰显,他们一直在奔波劳碌。

　　但只要生命诞生,是不是一定要找个理由,才能让它延续下去呢?

　　人的生命只是自然界生命中的一员,是一种"物候"。人是树,只要有空气、阳光、雨露,就要活下去,也能活下去。人不可能个个都活得精彩,默默地生,淡淡地过,自然地活着,自然地死去,也是一生。这样的人生我们没有理由去反驳。

　　人活着可以没有理由,人没有理由也可以活着。

　　于是我对这个孩子说:"人活着可以没有理由,人没有理由也可以活着。"

66.

爹

在我们泰兴，以前叫父亲有两种叫法这样：一是叫爹，二是叫爸。那是二十年前的事了，现在都叫爸。像我这样三十几岁及比我大的人，是分这两种叫法的。那时，好像有个不成文的约定：父亲在外工作或在村上做到支书以上干部的人家，才让孩子叫父亲"爸"；父亲是在家种田或做手艺人，或是当生产队的小官的人家，一般都叫"爹"，要是这样的人家也叫"爸"，那其他人家就觉得是"丢怪"。

我父亲是种田的，我从小就叫"爹"。在我七八岁时，曾有一段时间，我非常羡慕隔壁的那家叫"爸"，倒不是羡慕那家的"爸"是学校的一个老师，而是觉得叫"爸"有种自豪感，且声音容易响亮。有几次我曾想叫父亲几声"爸"，终因没有这个勇气，或是怕父亲听了以后要骂我"丢怪"，而没有叫成。

我很少叫"爹"，或许是因为我心里有对叫"爸"的向往，也或许是因为我的父亲是个很严肃的人，我从小心里就怕他，虽然他至今没打过我一巴掌。我只是在别人问起关于我爹什么事的时候，我才很自然且声音很响亮地告诉别人："我爹……"

在我心中，爹是最有用的人。我们兄弟姐妹多，且年龄相差不太大。那时上学都是要排队放学的，排队是按生产队为单位，我们家兄弟姐妹四个排一起放学回家，还有一个小妹妹在家，没到上学的年龄。到了缴学费时，爹总能拿出学费总额的一半钱分给我们几个，并且告诉我们要对老师说，剩下的钱，到期末一定补上。记得那几年的窘日子，爹从没有失言，每到期末，不要我们讨，爹总会足额补上我们欠下的学费。我们知道那是爹到叫"爸"的那家借的，爹得用一年拼命做的工分钱到年底一并还上。

爹老了，已七十多岁了，我在离家有十几里路的黄桥工作，爹偶尔来我现在的家看看，但总不过几个时辰就回去了。留他，他总是说，在这，家里的猪怎么办？它们吃什么？瞧着他离去的身影，我总是大声地说："爹，你慢点，过马路要小心！"这时，总觉得叫"爹"是那么顺口、亲切和响亮！

67.

放在儿子人生行囊里的四样宝贝

　　儿子今天入职，开始他的职业生涯。我在儿子的人生行囊里放上四样宝贝。

　　一把雨伞。深圳的雨，来得突然，走得也快。人生也如此，想不到的事会突然发生，但今天的事故，到了明天，就是故事。背包里常备一把雨伞，不管啥时来风雨，都可以挡一挡。人生的雨伞，就是忍耐。

　　一包纸巾。深圳天热，人时不时会出汗。人生也如此，做累了事，会出热汗，做错了事，会出冷汗。背包里常备一包纸巾，不管出啥汗，都可以擦一擦。人生的纸巾，就是冷静。

　　一只电筒。人在职场，加班正常。深夜回家，有只电筒心里就不慌，可以照路，也可以防身。人生也如此，有时会沮丧，打开电筒，就会眼前一亮。没有谁的人生是一直光亮的，但有了一只电筒，就会随时让人生从黑暗中走出来。背包里常备一只电筒，黑暗时，就拿出来照照，遇到险境时，还可以当作武器舞舞。人生的电筒，就是乐观。

　　一只指南针。深圳是世界之窗，出门旅游，爬山看海，以后你自然会有这样的机会。出门了,当然要记得回家的路,方向不能错。人生也如此,职场有时会让人很迷茫,南辕北辙的事常有。不忘初心,不忘初心,不忘初心,做大事和小事,都得经常想起初心,再回原点,围绕初心,会有新的突破。背包里常备一只指南针,迷路时就有方向,失败时就有希望。人生的指南针,就是方向。

儿子,今天是你入职的第一天。我在你的人生行囊里放上这四样宝贝。我的目光只能送你出门,路在前方,自己走吧,你的行囊里慢慢就有你自己用各种教训和成就换到的属于你自己的宝贝。

人生,风雨兼程。外面的船再破,家里的床都在!

68.
呼唤

这是一个记者和一个放羊娃的对话。

记者:你放羊干什么?

放羊娃:卖羊挣钱。

记者:挣钱干什么?

放羊娃:挣钱娶媳妇儿。

记者:娶媳妇干什么?

放羊娃:娶媳妇生儿子。

记者:生儿子干什么?

放羊娃:生儿子放羊。

至此我终于明白"教育就是呼唤"的含义了。

呼唤理想——

老鹰没有理想就不能搏击长空;鲸鱼没有理想就不能遨游大海;松树没有理想就不能屹立悬崖。但理想不是每个人都有的,它需要呼唤。

呼唤勇气——

鲜花没有勇气就不能争妍斗艳;阳光没有勇气就不能光芒四

射;雨露没有勇气就不能滋长万物。但勇气不是每个人都有的,它需要呼唤。

呼唤智慧——

月亮没有智慧就不能皎洁明亮;星星没有智慧就不能闪烁辉煌;彩虹没有智慧就不能五彩缤纷。但智慧不是每个人都有的,它需要呼唤。

呼唤创造——

云朵没有创造就不能多姿多彩;波浪没有创造就不能汹涌澎湃;山峰没有创造就不能险峻高耸。但创造不是每个人都有的,它需要呼唤。

呼唤挚爱——

蜜蜂没有对花蕊的挚爱就没有甜蜜;帆船没有对风浪的挚爱就没有前进;森林没有对树木的挚爱就没有雄伟。但挚爱不是每个人都有的,它需要呼唤。

兴许,我这呼唤会带来教育的呐喊!

期待——

69.
送自己一枝玫瑰

送自己一枝玫瑰
庆祝自己还活着
活着就是幸福呀
那山那水那阳光
还有咧着嘴的花、含着羞的草
都在邀请你跳舞

送自己一枝玫瑰
让自己芬芳起来
感激自己吧
家庭因你而幸福
学校因你而美丽
社会因你而精彩

送自己一枝玫瑰
开在自己的心房上

用眼泪浇灌出
疲惫时的枕头
孤独时的音乐
辛苦中的快乐

送自己一枝玫瑰
用百花园的歌声来欢迎她
在这鸟语花香的世界里
只有敢为人先的勇气
才能嗅到爱情的芳香
才能享受成功的喜悦

70.
幸福着你的幸福

你是灿烂的。

你的笑容总是那么灿烂，如同灿烂的阳光，让花朵开放，让小鸟唱歌，让鱼儿跳跃，生活的热情融化着你，从你小小的酒窝中淌出的是幸福。

你是睿智的。

你的目光总是那么睿智，如同晶莹的雨露，使万物滋润，使自然清新，使天空高远，生活的真谛感悟着你，从你亮亮的眸子里放射的是幸福。

你是执着的。

你的心灵总是那么执着，如同挺拔的青松，寒冷不畏惧，酷暑不退却，风霜不回避，生活的勇气燃烧着你，从你坚毅的身影中演绎的是幸福。

你是幸福的。

如一泓清澈的湖水，垂柳点点，幸福的圈儿一轮一轮的；像一座青翠的小山，松涛阵阵，幸福的歌儿一曲一曲的；似一片透蓝的天空，白云片片，幸福的照片一张一张的。

看你幸福，我们也幸福着。

幸福着你的幸福。

参考文献

[1] 中华人民共和国教育部.普通高中语文课程标准[M].北京:人民教育出版社,2017.

[2] 王树荫.厘清立德树人根本任务中"德"的含义.光明日报[N].2019-12-04.

[3] 王栋生.学生周围有很多"问题"[J].中学语文教学,2011(7):27-28.

[4] 张华.求序避俗:高考作文的结构技术[J].语文教学通讯,2019(34):65-68.

[5] 乔纳森·H.特纳.人类情感——社会学的理论[M].北京:东方出版社,2009.

[6] 李帆."新"老师 王春易[J].人民教育,2011(17):6-11.

[7] 张巨龄.语文·情趣·教学[M].沈阳:辽宁教育出版社,1988.

[8] 中华人民共和国教育部.义务教育语文课程标准(2018年版)[M].北京:人民教育出版社,2018.

[9] 王中意.让作文生活像烹调一样有滋味[J].语文知识,2014(5):67-70.

［10］王中意.中考,名著如何考?［J］.中学语文教学,2007(2):68-69.

［11］王中意.教学的价值在于让学生自我发现［J］.语文建设,2012
(7):30-31.

［12］王中意.在城镇化进程中,让学校更美好［J］.中小学管理,
2014(5):13-15.

［13］王中意.追求课堂教学的有效管理［J］.中国教师,2008(12):
59-60.

［14］王中意.教师培训更应"补差"［N］.江苏教育报,2013-03-13(3).

后 记

读读写写学语文　走走看看悟人生

  1987 年 8 月，我从江苏省泰兴师范学校毕业，开始做老师。那年才十八岁多一点。

  因为是中师毕业，没有专业，所以我们这些毕业生，基本上是学校缺什么老师，就做什么老师。我开始先教小学，后来又因为初中缺老师去教初中。我教语文，但我还教过数学，教过体育，教过历史、地理、生物，甚至在我工作的第一年，我还兼过学校会计。

  语文老师是比较容易转去做行政的。我从学校团委书记做到学校教学处主任、副校长、校长，无不因为我是一个语文老师，说话有点条理，写文稿有点路数，加上人又老实听话，自然就受到领导赏识，慢慢地就得到提拔了。

  1999 年我开始任职学校副校长，2004 年评上中学高级教师，2007 年评上省优秀教育工作者，2008 年评上省特级教师，2009 年 2 月开始任职学校校长。虽然其间一直不脱离教学一线，坚持教课，但总感觉管理事务牵扯了教学精力。2015 年 8 月，我做出了一个决定：辞去校长职务，还是安心去做一名老师吧。2015 年 9 月，我因龙岗区教育高端人才引进举措来到龙岗工作，在横岗中学做一名语文教师。很多人曾经问我，为什么要放弃校长职位，而选择去做一名普通老师呢？我想，这可能是因为我的"语文"情结吧。

不管哪个年代，在上小学、初中时，总有一大批这样的男孩子，语文成绩不好。我上小学、初中时，就属于这样的男孩子。那时上语文课，最担心的就是被老师叫到读课文、背课文，写作文则是每写一个字都要数一下字数。后来，也算是阴差阳错吧，我考上了中师，就做了老师，还做了语文老师。

为什么做语文老师呢？可能是受小时候学语文阴影的影响吧。我总是不想和我以前的语文老师一样，这节课讲，下节课背，背不了，就打。于是，我的课堂就有了讲故事的环节，每节课上，我都会先讲一个故事，看孩子们笑了，我再开始讲课。那时，我讲的故事大都来自《皮五辣子》，《皮五辣子》是扬州的一种评话，故事幽默风趣，孩子们非常喜欢听。

再后来，我觉得只靠讲故事来吸引学生还是不够，我得想其他办法。当时，初中有一篇课文叫《挺进报》，有一天，我突发奇想，可以让学生办报呀。于是，我教的班就有了《挺进报》，一周一报，班级分小组进行轮换出报，后来孩子们觉得不过瘾，就每周每组都出报，自取报名，月月评比。这事儿，当时的《初中生世界》进行了报道，且选登了孩子出的手抄报。后来，在此基础上，我把影响扩大到整个学校，在学校办起了校刊，先后在任教过的不同学校办了《银杏》《东方》《七彩阳光》等校刊，这些校刊都在全国校报校刊评比中获得一等奖。

那时的我，是在努力让语文课不光是背书、默写、写作文，还可以做点其他事儿。

随着教学经验的积累，我也有了各种教学展示的机会，在全国中语会、江苏省"名师课堂"、深圳市"名师课堂"、龙岗区"名师课堂"等舞台上，我的身影多次出现，我用我的课来和全国语文人交流。同时，我又积极参加结对帮扶教学活动，到新疆、湖南、贵州等地与老师们进行教学活动的交流。

经过多年的教学实践和反思，我慢慢地有了自己的教学主张，形成了独特的教学风格。我提出了"情理语文"的教学理念，主张语文教与学要做到"读读写写学语文，走走看看悟人生"。

语文教与学的价值在于"情理"

学习语文究竟是为了什么？人类的任何学习，都是为了过上美好生活。人过上美好生活，从本质上就拥有了认识世界和改造世界的美好情感，拥有了认识世界和创造世界的理智。所以，"情理"二字是人类追求的终极目标。从这个意义上讲，语文的教与学就在于"情理"。在多年的教学实践中，我努力把"情"和"理"作为语文教与学的切入口。面对教学内容，我首先想问的是"情"在哪里？"理"在何处？然后去深究文本、作者、读者甚至编者的"情"和"理"。面对教学方法，我又会思考，怎么才有"情"？怎么才有"理"？努力让学生顺畅地达到教学目标。面对教学结果，我会积极从大处着眼，通过多种途径，让学生不仅学到语文知识，更在情感、态度、价值观上得到熏陶，在语文素养上有提升。这样，我逐渐形成了我的语文教学主张，那就是"情理语文"，有情有理教语文，有情有理学语文，做有情有理的人。

语文教与学的功力在于"读写"

读和写，是语文教与学的基石。无"读写"不语文。该怎么读？怎么写？我在教学实践中，形成了多个语文教与学的情理读写策略。第一,"猜情度理—圈情画理—读情明理—感情悟理"的情理语文课堂架构策略。第二,"一问写的啥,谁＋干什么＋干得怎么样,二问咋写的,手法＋内容＋还要表达什么,三问写出啥,感情＋悟理＋人与社会"的读文情理三问策略。第三,"变情叹理"作文教学策略。第四,"三看三思写情理"的阅读教学策略:"有啥,研读文本,磨出文本里有啥;学啥,研讨学情,磨出学生能够学到啥;用啥,揣摩途径,磨出用啥方法能让学生学到"。第五,情理课题研究策略:"怎么办呢? 问题难不难?",寻找一个在实践中遇到的有研究价值的问题;"怎么做呢? 有没有方法?",尝试探索解决这个实际问题且有效果的方法;"效果咋样? 可不可研究?",思考有名称、背景、理论目标、过程及预期的课题;"别人咋做的? 有没有借鉴?",实施一次有定向、有数据、有分析、有思考的调查;"专家咋做的? 有没有支撑?",进行一项有目的、有实践、有对比、有数据的实验;"我想咋的? 有没有结果?",撰写一份有理论、有例子、有结果、有思考的论文。

语文教与学的变革在于"引习"

学生怕学语文,根子在于教的形式是灌输式的,学的形式是机械训练式的。我多年来积极进行语文教学的改革,把"教"变为"引",把"学"变为"习"。在教的过程中,用"目标要求"引,用"方法技巧"引,用"任务驱动"引;在引导学生学的过程中,用"学做教师"习,用"实践操作"习,用"相互评价"习。"教"变"引",将枯燥的说教变为根据学生学习心理进行的引发,激发学习动机,营造学习氛围,把握学习情绪,学生学习状态就会由被动变为主动。"学"变"习",学是学知识,习是习技能。语文学习,要由知识学习转为思维训练、素养提升，在引导学生学习时，尽可能地侧重于"习"，让学生演绎，让学生呈现，让学生争论，让学生实践，让学生评价，这些都是在"习"。在教学实践中，我的语文课堂上有"课前三分钟的一事一议""今天我是语文老师""班级小灵通广播""我的手抄报"等，这些语文学习方式，大大地激发了学生学习语文的热情。

语文教与学的觉悟在于"走看"

生活是语文的外延。语文的教与学，要学会把全世界当作教科书，而不要把教科书当作全世界。在语文的教与学中，我常常把课堂放到教室之外。春夏之际，我会带学生去郊外看万物复苏，领悟生命生长的力量；秋冬之际，我会带学生去看日出日落，领略自然的神奇。课堂上学到的知识要放到社会生活中去体验感悟，我常常会要求学生去做小记者，采访各类人，了解社会百态，去观察社会生活，看人间万象，写随笔随想，体悟人生人性。碰上假期，我会鼓励学生参加社区劳动，出门旅游看世界，了解人类文化，探究自然奥秘，在假期结束后，我会组织专场分享会，让学生分享自己的所见所闻所感。

多年的语文实践和思考，也让我有了收获。《人民教育》《中国教育报》《中学语文教学》《语文建设》《语文教学通讯》《中小学管理》《语文知识》《语文教学之友》《作文》《语文天地》《初中生世界》《校长》等报纸杂志相继刊发我对教育教学的思考。来深圳市横岗中学工作这几年，我也多次受到学校的表扬，多次获得学校"最受学生欢迎教师奖""教学质量奖""课题研究奖""师徒结对成果奖"，还获得了学校的最高荣誉"横中之星"。

出版此书，只是对自己多年教学思考的一个小结。在此，特别感谢深圳市龙岗区横岗中学姜思坤校长的指导和鼓励，感谢工作室张欣荣老师的校对整理，感谢龙岗区横岗中学语文科组营造的浓厚科研氛围，感谢工作室中一起成长的老师们。

2020 年 3 月 30 日

王中意